Una Guía Auténtica para la Meditación

Por Shar Khentrul Jamphel Lodrö

Traducido por Hector Totti
Julio César González Nava
Editado por Adrian Hekel

Dzokden

Autor: Shar Khentrul Jamphel Lodrö
Editor: Adrian Hekel
Traducción al Español: Julio César González Nava
Editores en español: Hector Totti

Primera Edición

ISBN Libro de Bolsillo (Edición en Español): 978-1-958229-06-4
ISBN ePub (Edición en Español): 978-1-958229-07-1

Publicado por:
DZOKDEN

Este trabajo fue producido por Dzokden, una institución sin fines de lucro creada enteramente por voluntarios. Esta organización está dedicada a propagar una visión no sectaria de todas las tradiciones espirituales del mundo y a enseñar el budismo en una forma completamente auténtica y al mismo tiempo práctica y accesible a la cultura occidental. Está especialmente dedicada a difundir la tradición Jonang, una rara joya de una parte remota de Tíbet que conserva las preciadas enseñanzas del Kalachakra.

Para obtener más información sobre las actividades programadas o materiales disponibles, o si desea hacer una donación, comuníquese con:

Dzokden
3436 Divisadero Street
San Francisco, CA 94123
USA
www.dzokden.org
office@dzokden.org

Contenido

Carta del Autor

Las instrucciones de meditación que se explican en este libro no son algo para leer unas cuantas veces y luego dejarlas a un lado; puede ser increíblemente valioso familiarizarte con ellas y practicarlas como un objetivo de vida. Si pones en práctica estas instrucciones, tu vida tendrá un gran significado y propósito. Sin embargo, un poco de práctica no conducirá necesariamente a ningún logro a menos que tengas una gran habilidad espiritual innata. Así como un acróbata no puede realizar acrobacias cuando nace, necesitas practicar continuamente. De esta manera, la meditación es algo que debes practicar una y otra vez. Generalizando, necesitarás gran perseverancia, compromiso, sabiduría y la hábil guía de maestros o amigos espirituales. Sin embargo, después de un tiempo, tu práctica se convertirá en algo tan natural que no requerirá tanto esfuerzo; luego se convertirá en fuente de alegría y de gran significado.

Si no puedes relacionar ideas como la iluminación o los jhanas, recuerda que un objetivo esencial de la práctica Budista es estar siempre atento a tu conducta y mantener un buen corazón en todo momento. Desde este punto de vista, la meditación es un método importante para 'familiarizarte' con los sentimientos de amor y compasión que deberías desarrollar todo el tiempo. Seas quien seas y hagas lo que hagas, seguro que esto te beneficiará enormemente.

Buda Shakyamuni meditando bajo el árbol Bodhi

Introducción

Hoy en día la práctica de la meditación se está volviendo cada vez más popular. Se reconoce como parte importante de un estilo de vida saludable y un aspecto esencial de muchas tradiciones espirituales. Aprender a meditar correctamente puede redundar en muchos beneficios. Sentí que un manual como este sería útil para presentar el sendero de la meditación como algo auténtico y accesible.

En primer lugar, considero que este material es auténtico porque se basa en las enseñanzas budistas tradicionales que han sido probadas durante más de dos mil años. Siguiendo estas instrucciones, innumerables meditadores han podido descubrir la verdadera naturaleza de su realidad y han transformado por completo sus vidas. Estas enseñanzas ofrecen un enfoque práctico que puede beneficiar a cualquier persona, independientemente de su raza o religión. No obstante, a estos practicantes los llamamos 'Budistas' para declarar que provienen de una fuente auténtica.

Mientras tanto, he tratado de hacer accesible este material minimizando el uso de un lenguaje complicado y refiriéndome a una variedad de fuentes modernas. He intentado resumir una variedad de métodos de meditación que no solo fueron efectivos durante la época del Buda, sino que también, hoy en día son utilizados con considerable éxito por los maestros.

Mi esperanza es que este libro te guíe para encontrar el tipo de meditación que te 'lleve a casa' cuando así lo desees, a un espacio de claridad tranquila en el que puedas encontrar la paz y restaurar tu energía, o desde el cual puedas participar efectivamente en el mundo y moverte con gracia con las olas de la vida.

3

De esta manera, sobre todo, espero que este libro pueda servir como un 'puente' hacia la iluminación, ya sea que estés siguiendo un camino budista o cualquier otra tradición espiritual auténtica. Para aquellos que estén particularmente interesados en el sendero budista, los animo calurosamente a explorar las referencias al final de este libro, especialmente la Serie *Develando Tu Verdad Sagrada*.

¡BUENA SUERTE!

CAPÍTULO 1
Los Preliminares

I. ¿Por qué es Importante Meditar?

Todos tenemos un potencial ilimitado para desarrollar nuestra mente, pero actualmente está afligida por el aburrimiento, la distracción y las emociones descontroladas, así como la posibilidad de que surjan estos estados. La meditación puede purificar y refinar nuestra mente. En un nivel, puede contribuir a una vida más equilibrada, tranquila y pacífica. En un nivel más profundo, puede ayudarnos a desarrollar una mente increíblemente fuerte y enfocada. Si somos capaces de renunciar a nuestro apego a los intereses mundanos y desarrollar una gran compasión, puede llevarnos al descubrimiento de nuestra naturaleza iluminada.

Debemos recordar que la meditación desarrolla la conciencia de la mente que es de naturaleza no-física. Hoy en día, comenzamos a comprender que los fenómenos mentales surgen de una dimensión oculta de la realidad que es más fundamental que la división entre mente y materia. Esto es lo que los budistas creen que es la *mente sutil*, y muchos meditadores lo han constatado directamente. A diferencia de las cinco conciencias sensoriales, que dependen de ciertos órganos físicos, esta *mente sutil*, se puede entrenar de manera ilimitada. En consecuencia, la práctica de la meditación puede conducir a resultados extraordinarios si perseveramos en ello.

Quizá te preguntes, ¿cómo te beneficiará la meditación en tu vida diaria? En primer lugar, tu calidad de vida es circunstancial a cómo percibes y reaccionas a las cosas; hecho que está determinado por la calidad de tu conciencia. La práctica de la meditación puede mejorar tu conciencia, para que puedas aprender a abordar la vida desde un espacio de mayor calma, claridad, percepción y comprensión. Así, la práctica de la meditación, puede ayudarte a sentirte presente, con los pies sobre la tierra y conectado con todas tus experiencias. En lugar de estar atrapado en reaccionar a eventos externos, puedes estar en una mejor posición para entender las cosas como son y responder con sabiduría, paciencia y amabilidad hacia ti y hacia los demás. De este modo, puedes descubrir una libertad interior en la que puedes elegir tus respuestas en lugar de reaccionar, resistir o buscar distracciones.

Asimismo, la práctica de la meditación también aporta beneficios para la salud. Incluyendo mejores habilidades de afrontamiento, memoria, eficiencia, mejor sueño, una mayor respuesta de relajación, menos ansiedad y depresión, así como disminución del dolor crónico (ya que puedes aprender a ser consciente del dolor sin padecer). También puede conducir a una reducción de la presión arterial y la frecuencia cardíaca, una mejor función inmunológica y beneficios en una amplia gama de afecciones físicas, incluidas las enfermedades cardíacas, la diabetes y el cáncer.

De esta manera, el mayor beneficio de la práctica auténtica de la meditación es debido a que representa una llave que abre la puerta a la iluminación o al desarrollo de una gran sabiduría y compasión. Esto puede parecer un concepto 'lejano', pero si realmente desarrollas la destreza de la meditación, verás la vida desde una perspectiva completamente nueva y apreciarás la preciosa oportunidad que esta vida te brinda para descubrir la naturaleza misma de la realidad. Si emprendes este viaje con sinceridad, sin duda recibirás muchos beneficios del proceso transformador que la práctica de la meditación tiene para ofrecer.

En este libro comenzaré por definir la meditación, seguida de un breve resumen del sendero de la meditación y cómo elegir un objeto adecuado. Después describiré el método real de meditación, comenzando por establecer el entorno interior y exterior adecuado. Luego, usando la atención plena de la respiración, viajaremos a través de las diversas etapas de la meditación que conducen a la concentración perfecta en un solo punto. A esto le sigue un resumen de los obstáculos para la meditación y sus antídotos, seguido de instrucciones sobre cómo participar en la meditación analítica y una descripción de varias prácticas de meditación avanzadas.

II. ¿Qué es la Meditación?

La palabra 'meditación' es bien conocida en todo el mundo. Sin embargo, su significado es a menudo limitado, mal entendido y presentado de una manera un poco simplista, al menos desde el punto de vista del budismo. El significado de la meditación es vasto como un océano el cual engloba un tesoro de habilidades y métodos. No es necesario entender sus numerosos significados en esta etapa, sin embargo, es vital desarrollar la visión correcta de la meditación y comprender los puntos más fundamentales.

De esta manera, la palabra tibetana para meditación es *gom*, que significa tanto familiaridad como el proceso de familiarizarse. Desde la perspectiva budista, significa aprender a reconocer y habituarse a una visión de la realidad que refleja la verdadera naturaleza de tu experiencia. Así, a través de esta visión desarrollas sabiduría y compasión. A medida que practicas la meditación de esta forma, te habitúas a un sentido más verdadero de quién eres realmente, haciendo que esta visión sea más sólida y estable a medida que se desarrolla tu concentración. En lugar de

Un monje mostrando la postura de meditación de siete puntos de Vairochana

ser simplemente algo intelectual, esta visión puede convertirse en parte de tu realidad viva.

En un nivel básico, podemos pensar en la meditación como una herramienta para cultivar el bienestar emocional y mental, y para lograr un equilibrio en nuestras vidas. En el mundo moderno a menudo llevamos mucha tensión en nuestros cuerpos, movidos por el hábito del pensamiento compulsivo y una cultura que nos anima a proseguir con esta tendencia. La meditación puede ser una herramienta para reducir este hábito y redescubrir un punto de equilibrio en el que puedes elegir quedarte con una mente tranquila y restaurar tu energía. Al encontrar este punto de equilibrio, puedes ser más efectivo y lúcido cuando llegue el momento de moverte y actuar en el mundo, como en tu vida laboral y familiar. Esto es como saber dónde está la playa y poder regresar a ella cuando lo desees, mientras nadas en el océano de la vida y te encuentras con condiciones que a veces son tranquilas y otras veces salvajes y tormentosas. También, puedes imaginar un bolso que llevas a tu lado. Al principio es bastante ligero, pero si lo cargas en el mismo brazo durante muchas horas, se volverá cada vez más pesado con cada minuto que pasa. Ello es similar a la tensión que cargamos: todas nuestras historias, miedos, preocupaciones, estrés y responsabilidades. La meditación te permite soltar la bolsa y luego puedes volver a levantarla con mucha más facilidad, energía y claridad.

Hay dos niveles principales de meditación: shamatha (también conocido como permanecer en calma permanente) y vipasyana (o visión correcta). La práctica de shamatha se refiere a la técnica de la meditación de un solo punto, en la que te enfocas sin distracción en un solo objeto para 'acostumbrarte' y así unificar y enfocar la mente; volviéndose mucho más estable que la mente ordinaria normal. También describe el estado mental dichoso y sin distracciones que es el resultado de la práctica de shamatha. En tanto, vipashyana, se refiere a la meditación introspectiva o analítica. Esta enfatiza la comprensión de la verdadera naturaleza de la mente y los fenómenos.

Si pensamos en una vela, shamatha es como la estabilidad de la llama mientras que vipashyana es como el brillo de la llama. Para ver una imagen con claridad, necesitas una llama que también sea estable y brillante. Del mismo modo, para descubrir la verdadera naturaleza de tu experiencia, necesitas una mente tranquila y clara. Esto no significa que shamatha y vipashyana estén completamente separadas. Muchos maestros comparan estos dos métodos con los dos extremos de un palo o dos lados de una mano. Cuanto más tranquila y puntual esté tu mente, más probabilidades tendrás de desarrollar percepción. Mientras más conocimiento desarrolles, más fácil será para tu mente estar enfocada y tranquila. Sin embargo, para erradicar completamente las emociones y los estados mentales dañinos, es necesario que ambos estén presentes. Esto se conoce como la unión de shamatha y vipashyana.

Todos los tipos de meditación siguen el mismo método básico:

1. Calma tu cuerpo, palabra y mente;
2. Enfócate en tu objeto elegido;
3. Cuando surjan pensamientos o sentimientos, simplemente obsérvalos y se consciente de ellos; y
4. Trae tu mente suavemente de vuelta al objeto.

La meditación shamatha enfatiza el segundo paso, a medida que te adiestras para habituarte a una mente estable como el de familiarizarte con un objeto, de tal modo que los pensamientos que te distraen se vuelven muy sutiles y eventualmente ya no surgen. La meditación introspectiva o analítica enfatiza principalmente el tercer paso, a medida que aprendes a seguir los pensamientos y sentimientos con plena conciencia o a examinas su naturaleza. Con cualquiera de los métodos, es crucial que no intentes 'bloquear' pensamientos o sentimientos, solo se consciente de ellos y de nuevo trae suavemente tu mente al objeto de meditación.

Estos cuatro pasos también contienen tres habilidades clave que desarrollarás progresivamente a medida que aprendes a meditar. La primera es la relajación, donde el cuerpo aprende a soltar toda su tensión habitual y se siente 'espacioso'. La segunda es la atención plena, la absorción de la mente en el objeto de meditación, por lo que la mente se 'llena' del objeto. La habilidad final es la conciencia o vigilancia, que se refiere a un aspecto de la mente que actúa como un guardia vigilante, verificando si estás atento o no y haciendo que el objeto sea cada vez más vívido. También te alerta si estás cayendo en estados de sopor, agitación u otros obstáculos, y mantiene una conciencia receptiva de los objetos de fondo, como imágenes y sonidos. Estas tres cualidades son como las raíces, el tronco y el follaje de un árbol. A medida que crece nuestra práctica, las raíces de la relajación se profundizan, el tronco de la atención plena se fortalece y el follaje de la vigilancia aumenta.

Las tres habilidades clave de meditación: relajación,
atención plena y conciencia o vigilancia

III. La Visión General del Sendero de la Meditación

Emprender una práctica de meditación comienza cuando aclaras tu motivación y obtienes una comprensión filosófica de hacia dónde te puede dirigir esta práctica. También es útil establecer una base sólida de moralidad, disciplina y equilibrio en tu vida. Para algunas personas, esto puede significar simplificar la vida para hacer espacio para la práctica de la meditación y para otras, esto puede significar involucrarse más activamente en la vida. Para otros puede significar ingresar a un monasterio o tomar la decisión de adherirse a un conjunto particular de preceptos. Esta base de disciplina, incorporada en tu vida diaria, te ayuda a desarrollar la atención plena a medida que avanzas en la práctica. La motivación con la que te comprometes en la práctica de la meditación puede ser para beneficiarte a ti mismo en esta vida, para lograr la liberación del sufrimiento o para alcanzar la iluminación completa para el beneficio de todos los seres. Cada motivación es igualmente válida y no podemos decir que una sea mejor que las otras, sin embargo, es probable que una motivación más vasta resulte en un mayor beneficio.En general, comienza eligiendo un objeto de meditación apropiado (puedes elegir un objeto o varios) posteriormente te enfocas en la meditación en un solo punto para alcanzar la *mente de shamatha*. Progresas gradualmente a través de nueve estados o etapas de atención, lo que lleva a un estado estable de serenidad y concentración perfecta que puede dirigirse sobre cualquier objeto que elijas. Aquellos que alcancen shamatha estarán libres de emociones y podrán permanecer en un estado mental sereno durante un gran período de tiempo. Esta meditación es común en las tradiciones budistas y no budistas. A medida que progresas hacia la concentración en un solo punto, descubrirás estados de gran serenidad durante la meditación y notarás muchos beneficios en tu vida diaria.

Si no te apegas a este estado mental sereno y tienes el coraje y la diligencia para avanzar más, alcanzarás una etapa en la que estarás muy motivado para seguir practicando, inspirado por muchas experiencias felices y serenas. Esto puede conducir al logro de estados de concentración extremadamente refinados conocidos como *jhanas*. Estos son estados mentales increíblemente felices y totalmente absortos durante los cuales no eres consciente de ninguna realidad externa.

El resultado de la práctica de shamatha o *jhana* puede ser un logro mundano o 'samsárico', lo que significa que, en última instancia, no puede conducir a la liberación del sufrimiento. Por otro lado, de forma alternativa, al menos desde un punto de vista budista, con la motivación y la sabiduría adecuadas, este logro puede dirigirse hacia la iluminación. Desde esta perspectiva, shamatha no es el objetivo final, sino un paso fundamental hacia el descubrimiento de una verdadera percepción de la naturaleza de tu experiencia. De este modo, es realmente posible superar todas las emociones y estados mentales destructivos, logrando una libertad perfecta y duradera de la experiencia del sufrimiento.

Algunas personas primero desarrollan la mente tranquila de shamatha seguida de la percepción, mientras que otras, primero desarrollan la percepción y luego desarrollan la estabilidad meditativa. Otros, en cambio, desarrollan la calma y la percepción al mismo tiempo. No obstante, otras personas necesitan mucha perseverancia para poder calmar la mente y cultivar el camino.

IV. ELEGIR UN OBJETO DE MEDITACIÓN

Para encontrar un camino de meditación que sea más adecuado para ti, es crucial encontrar uno o más objetos de meditación que se adapten a tu tipo de personalidad. Lo ideal es que sea un objeto del que te enamores y sea adecuado para tu meditación. Puedes elegir este objeto según tu experiencia o preferencia, o un Maestro puede recomendarte uno. Por lo general, se elige un objeto en particular para ayudarte a superar una debilidad particular o porque se basa en tus fortalezas. Por ejemplo, si tienes mal genio, la contemplación de la bondad amorosa puede ser un objeto muy adecuado, ya que sirve como antídoto para la ira. Si tienes un tipo de personalidad sensible, es posible que te sientas atraído por la bondad amorosa o las prácticas devocionales por una razón diferente, ya que este tipo de objeto se adaptaría a tu personalidad. De manera similar, los tipos de personalidad pensantes pueden sentirse atraídos por ciertas formas de meditación analítica y los tipos de personalidad sensoriales pueden beneficiarse de técnicas que enfatizan la atención plena del cuerpo o la conciencia sensorial.

Otra consideración es cuando estás meditando para lograr una concentración en un solo punto, a medida que tu enfoque mejora, puedes elegir un objeto que sea cada vez más sutil. Al principio, un objeto en movimiento, como caminar o respirar lentamente, puede ser más adecuado, no obstante, en cierto punto es mejor concentrarse en un objeto estable y sin movimiento, como una imagen sagrada o una visualización mental del objeto.

Según el budismo Mahayana y Vajrayana, hay un número infinito de objetos de meditación para desarrollar la concentración en un solo punto que se adaptan a los diferentes tipos de seres. Las enseñanzas Theravada, mientras tanto, describen cuarenta objetos diferentes de contemplación para adaptarse a personas con diferentes temperamentos.

Podemos dividir casi todos los objetos de meditación en ocho categorías:

1. Meditaciones en la respiración (respiración espontánea y respiración controlada).

2. Visualizaciones (como por ejemplo la imagen del Buda u objetos visuales llamados kasinas los cuales representan los cuatro elementos y los cuatro colores).

3. Meditaciones de mantras (donde se repite un sonido o grupo de sílabas, a menudo junto con una visualización mental).

4. Meditaciones de movimiento (tal como caminar lentamente o practicar yoga).

5. Meditación sobre centros energéticos o chakras.

6. Meditaciones de Jhana (estados muy profundos de absorción meditativa).

7. Meditaciones analíticas (incluidas contemplaciones como la transitoriedad, la bondad amorosa o las plegarias y prácticas devocionales, así como el cuestionamiento de la verdadera naturaleza de la realidad).

8. Meditaciones de conciencia (incluida la conciencia abierta de los contenidos de la mente o la práctica del cuarto oscuro del Tantra del Kalachakra)

Las primeras seis categorías enfatizan el desarrollo de la concentración en un solo punto, mientras que las dos últimas categorías enfatizan la percepción; sin embargo, cada categoría puede conducir tanto a la concentración como a la percepción. La práctica del Kalachakra de la habitación oscura, por ejemplo, se usa para lograr shamatha al enfocarse en el estado no conceptual, y en cierta etapa esto conduce a una visión directa de la verdadera naturaleza de la realidad.

Si tu mente está afligida predominantemente por pensamientos excesivos o si tiene un 'temperamento especulativo', que es bastante común en nuestros estilos de vida ocupados y tensos, concentrarse en el flujo natural de la respiración puede ser una forma efectiva de aquietar la mente y relajar el cuerpo. La conciencia de los sentimientos y sensaciones internas también puede ayudar a lograr un estado más relajado, al igual que la atención plena al movimiento del cuerpo, como en la caminata lenta o en la práctica de yoga. Para la meditación en movimiento, debes concentrarte intensamente en cada movimiento de cada pie, y quizá optes por sincronizarlo con la respiración ('inhalando, consciente del pie izquierdo, exhalando, consciente del pie derecho'), o recitar un mantra (*bud-dho,* se usa en la tradición tailandesa, con cada paso recitas una sílaba en voz baja). El uso de la respiración como objeto de meditación se describe detalladamente más adelante en este libro.

La meditación caminando se centra en la conciencia del suelo

Si tu emoción aflictiva predominante es el odio o la ira, entonces la bondad amorosa, también llamada *metta*, puede ser un buen objeto para meditar. Del mismo modo, la meditación sobre la alegría empática puede ser un objeto adecuado si tienes tendencia a los celos. Para meditar en la bondad amorosa, debes reconocer que todos los seres buscan la felicidad, al igual que tú, y cultivar el deseo de que los demás encuentren la felicidad genuina y sus causas. Esta meditación es la base para contemplaciones más avanzadas sobre el amor y la compasión presentados en la tradición budista Mahayana.

Si, por otro lado, el apego o la lujuria es tu aflicción predominante, un método eficaz es recordar a una persona deseable y pensar en todas las características poco atractivas del cuerpo, como la carne, los huesos, los órganos internos, el pus, la sangre y la orina. También puedes recordar las diferentes etapas de descomposición de un cadáver humano, que las enseñanzas Theravada describen en nueve etapas conocidas como las nueve contemplaciones del osario.

Aunque esto pueda sonar repulsivo, quienes practican esta forma de meditación a menudo se sorprenden de que su experiencia sea bastante dichosa, ya que la dicha surge naturalmente una vez que se elimina el deseo aflictivo.

Los objetos adecuados para aquellos que tienen una naturaleza fiel (tipos de sentimientos) incluyen el recuerdo del Buda y las Tres Joyas, deidades y virtudes como la generosidad. Esto puede aplicarse especialmente a aquellos con antecedentes en el cristianismo u otras religiones basadas en la fe que se sienten atraídos por la oración o las prácticas devocionales. Por otro lado, para aquellos que son del tipo pensante, los objetos adecuados incluyen la atención plena a la muerte y la transitoriedad, la contemplación del cuerpo como una colección de elementos y la contemplación de la interdependencia. Estas contemplaciones también pueden ser un antídoto para el orgullo o la arrogancia.

Un método de visualización eficaz, que combina varios de estos objetos, es tomar conciencia de que tu cuerpo se ha originado a partir de aflicciones y propensiones kármicas y luego visualizarlo como una colección impura de carne, huesos, sangre, pus, excrementos y cualquier otra característica que puedas visualizar. En el centro del corazón visualiza una luz luminosa que simboliza tu naturaleza iluminada irradiando lentamente por todo el cuerpo. La mente permanece concentrada en un solo punto siguiendo la luz sin distracciones y todo tu cuerpo se convierte en una luz luminosa indestructible. Esto simboliza la purificación completa y el logro gradual de tu naturaleza iluminada.

Siempre que tu motivación sea pura y tu punto de vista correcto, las meditaciones tántricas que incluyan visualizaciones y mantras son una forma muy efectiva de practicar. Estas se adaptan, especialmente, a aquellos con un tipo de personalidad intuitiva. Las meditaciones que involucran visualización y mantra (conocidas como yoga de la deidad o la etapa de generación) te conectan con un aspecto de tu naturaleza iluminada, y una deidad en particular puede adaptarse a un temperamento particular. Por ejemplo, el mantra de Manjushri OM AH RA PA DZA NA DHI, generalmente se usa para desarrollar sabiduría y el mantra de Chenrezig OM MANI PADME HUNG puede usarse para evocar la compasión. El mantra Vajrapani, HUNG VAJRA PHET, puede ayudarte a generar poder y fuerza de manera compasiva. Mientras tanto, el mantra del Buda de la Medicina puede ayudarte a curarte a ti mismo para que puedas beneficiar a los demás: TAYATA OM BEKANZE BEKANZE MAHA BEKANZE RADZA SAMUDGATE SVAHA. Finalmente, el mantra de la Tara Blanca OM TARE TUTTARE TURE MAMA AYUR JNYANA PUNYE

PUSHTIM KURU SVAHA, puede conectarte con la cualidad femenina del amor y la larga vida. Cada una de estas prácticas está asociada con una visualización específica, cuyos detalles se pueden encontrar en varios textos. Cualquiera que tenga una motivación adecuada puede beneficiarse de la recitación de estos mantras; sin embargo, son más poderosos si se ha recibido una iniciación o se ha realizado un estudio específico.

Los centros de energía o chakras son otro objeto de meditación, aunque generalmente en el budismo forman parte de prácticas bastante avanzadas que normalmente requieren que se completen ciertos preliminares (conocido como la etapa de la perfección). Realizar estas prácticas como principiante es como construir una casa sin una base sólida y es poco probable que genere muchos beneficios. Varias escuelas de yoga no budistas ofrecen métodos poderosos para activar los chakras y pueden ser muy efectivos para ciertos tipos de personas. Sin embargo, si tu objetivo es la iluminación, debes investigar cuidadosamente si existen diferencias entre los puntos de vista budista y yóguico, y preguntarse qué camino te beneficiará más a largo plazo.

Una consideración final es elegir un objeto (u objetos) de meditación que te ayuden a desarrollar la concentración de tal forma que puedas integrarlo en tu experiencia de la vida diaria. De esta manera, la atención plena del momento presente o la amplitud de conciencia son un método muy práctico, ya que tu experiencia en la vida refleja tu experiencia en la meditación. Tu trabajo diario también puede convertirse en una forma de meditación, a menudo te encontrarás en un estado de 'fluidez' cuando tu trabajo no es demasiado aburrido (que conduce al embotamiento) ni demasiado desafiante (que conduce al estrés y la agitación). De hecho, una vez el Buda le dijo a una anciana que quería meditar que permaneciera consciente de cada movimiento de sus manos mientras sacaba agua de un pozo, y esto se convirtió en su práctica diaria.

También notarás varios ciclos a lo largo del día en los que algunos objetos de meditación pueden ser más adecuados que otros. Si pones mucha atención a los ciclos naturales del cuerpo, encontrarás que la mente y el cuerpo alternan entre períodos de movimiento (o gasto de energía) y quietud (restauración de energía). Durante los períodos de movimiento, es más eficaz utilizar un objeto de meditación en el que nuestras mentes estén 'dirigidas' o canalizadas en una dirección clara, tal como sucede en la meditación analítica, recitando un mantra o en el recuento de la respiración. En períodos de quietud, suelen favorecer más las meditaciones 'receptivas', ya que la mente está naturalmente más tranquila, abierta y feliz. Incluso puedes aprender a meditar durante los estados de sueño y sueño profundo. Esto puede llevarte a ser capaz de mantener una conciencia continua, día y noche.

V. Creando el Ambiente Adecuado

Para que una semilla se desarrolle en un árbol, se requieren ciertas condiciones, como suelo fértil, luz solar y lluvia. Del mismo modo, para adiestrar la mente en meditación, necesitamos varias condiciones externas e internas. Esto incluye la ubicación correcta, la postura correcta, el estado mental correcto o la intención correcta y las prácticas preliminares para calmar la mente.

(i) El Lugar Correcto

En primer lugar, es útil preparar un lugar propicio para la práctica de la meditación: tranquilo, limpio, libre de desorden, bendecido y libre de interrupciones o distracciones. Ciertos lugares se adaptan a diferentes tipos de práctica, un ambiente boscoso, por ejemplo, puede ayudar con el desarrollo de la calma y la concentración, mientras que un lugar con una gran vista panorámica puede ser eficaz para cultivar la percepción. Aunque un ambiente ruidoso o que contenga muchas distracciones puede ser un obstáculo para los principiantes, si puedes desarrollar una buena práctica de meditación a pesar de tales desafíos, esto en realidad puede conducir a un mayor logro.

Al comienzo de cada meditación, es recomendable mantener un horario estricto y llevar a cabo las sesiones en el mismo lugar, enfocados en el mismo objeto. La cantidad de tiempo que dedicas a la meditación, durante cada práctica, depende de tu capacidad y estado de ánimo. De cinco a quince minutos por sesión es un buen punto de partida, y varias veces al día, es ideal.

(ii) La Postura Correcta

También es importante conocer los elementos de la postura que son más adecuados para una mente estable, porque la mente burda está asociada temporalmente con el cuerpo e influenciada por él mientras estás vivo. El desarrollo mental también está aso-ciado temporalmente con el cuerpo hasta que lo dejas atrás en el momento de la muerte. En todas las prácticas Budistas, las cosas materiales se consideran un medio útil para lograr un fin durante esta vida temporal. De esta manera, el cuerpo es como un barco y el meditador es como un pasajero. El pasajero depende del bote mientras cruza el océano y sin el bote el pasajero podría ahogarse o no llegar a tierra. Sin embargo, una vez que se llega al destino, el barco deja de ser útil.

Puedes meditar mientras estás sentado, acostado, caminando o parado, cada una de estas posturas se puede utilizar de manera formal o informal.

Para meditar sentado, debes usar una silla acolchada, cómoda y de respaldo recto, un taburete de meditación o cojín en el suelo. Las manos descansan juntas en el regazo o en los muslos, mientras que la espalda está recta como una flecha y la barbilla está ligeramente inclinada. Al meditar acostado, si tu mente está agitada, también puedes acostarte boca arriba con los brazos a los lados y las manos abiertas (aunque esta postura debe evitarse si tu mente está aburrida). Para mantener una mayor claridad mental, puedes acostarte sobre el lado derecho con la mano derecha debajo de la cara, las piernas juntas con las rodillas ligeramente dobladas y el brazo izquierdo hacia el lado izquierdo del cuerpo. Para caminar y pararte, debes sostener tus manos, la derecha con la izquierda, frente a tu cuerpo, o si esto te resulta difícil, puedes entrelazar los dedos. Asegúrate de tener una postura erguida pero relajada, debes dejar que tus brazos cuelguen naturalmente.

Es útil conocer en detalle los elementos de la postura sentada, debido a que esta postura es la más adecuada para una meditación efectiva, lo cual es necesario si has decidido alcanzar elevados estados de concentración. Consta de siete características y se conoce como la postura de siete puntos del Buda Vairochana. Estas siete características incluyen:

1. *Legs (crossed)*

Idealmente, las piernas deben cruzarse en lo que se conoce como la postura vajra, que tiene el pie izquierdo descansando sobre el muslo derecho y el pie derecho sobre el muslo izquierdo. Si esta posición es demasiado difícil, cualquier postura cómoda con las piernas cruzadas será suficiente, aunque debes tener en cuenta que se logra una mayor estabilidad y serenidad si se levantan las nalgas para que las caderas se inclinen hacia adelante. Como nuestros cuerpos son muy sensibles a nuestro entorno, sentarse en el suelo puede conectarte con la inmensa tierra que hay debajo, dándote una idea de su gran energía. Una buena posición con las piernas cruzadas proporciona un excelente equilibrio físico y también representa una unión de método y sabiduría.

Al sentarte es importante encontrar una posición adecuada y cómoda. La postura óptima para sentarte contribuye al desarrollo de tu meditación, sentarte cómodamente significa que estarás menos distraído en tu meditación y te resultará mucho más fácil relajar tu cuerpo. De este modo, puedes optar por sentarte en una silla con las piernas relajadas, las rodillas en ángulo recto y las nalgas firmemente apoyadas por la silla, recordando mantener la espalda recta.

2. Manos (en el regazo)

La mano derecha debe colocarse en la parte superior de la mano izquierda con las palmas hacia arriba, descansando de forma gentil en el regazo (para las mujeres meditadoras, colocar la mano izquierda sobre la derecha puede ser más efectivo). Las puntas de los pulgares deben tocarse ligeramente por debajo del ombligo. La posición de las manos expresa la unificación del método y la sabiduría durante tu práctica. Debes sentir una sensación de relajación desde los hombros hasta las muñecas y hacia las manos, permitiendo que se libere cualquier tensión en la parte superior del cuerpo.

3. Espalda (columna recta)

El cuerpo debe mantenerse en posición vertical como una flecha o una pila de monedas de oro colocadas una encima de la otra. Se debe tener cuidado de no inclinarse hacia los lados, hacia atrás o hacia adelante. Una espalda recta ayuda a tu mente a mantenerse alerta y atenta, también tiene un efecto enorme en los vientos internos, que son los movimientos sutiles de energía que circulan dentro del cuerpo y la mente. Estos vientos están estrechamente relacionados con la respiración y, en ciertas prácticas avanzadas, pueden usarse con gran efecto. Una vez que te hayas colocado en posición, tómate un momento para imaginar tu cuerpo desde la parte superior de tu cabeza hasta la base de la columna. Puedes hacer pequeños ajustes durante la meditación para asegurarte de que tu postura sea equilibrada y recta. El objetivo es permanecer quieto, relajado y alerta; Estar rígido e inmóvil es un obstáculo para la conciencia.

4. *Hombros y codos (estirados hacia atrás y ligeramente alejados del cuerpo)*

   Los hombros y los brazos deben estirarse un poco hacia atrás y ligeramente curvados para que estén colocados de manera uniforme a ambos lados del cuerpo, lo que ayuda a que los pulmones se expandan correctamente y facilita la respiración durante la meditación. Los codos deben permanecer un poco alejados del cuerpo.

5. *Cabeza y cuello (mentón ligeramente inclinado hacia abajo)*

   La cabeza debe estar recta y centrada; no demasiado alta o inclinada demasiado hacia abajo. Mantén la barbilla ligeramente doblada y la nariz alineada con el ombligo. Intenta no inclinar el cuello hacia los lados o hacia atrás.

6. *Boca (cara relajada y punta de la lengua tocando el paladar superior)*

Los dientes y los labios deben mantenerse en una posición natural con los dientes apenas tocándose. Mantener la cara y la mandíbula relajadas ayudará a evitar el tragado excesivo, mientras que colocar la punta de la lengua suavemente detrás de los dientes superiores ayuda a agudizar la mente y evitar la sequedad y el goteo. Si tu mente está bastante agitada y te resulta difícil lograr un estado de calma, colocar la lengua detrás de los dientes inferiores puede ayudar a aflojar y calmar la mente.

7. *Ojos (Mirando más allá de la punta de la nariz)*

Los ojos no deben abrirse demasiado, ni deben estar completamente cerrados. Si se abren demasiado, puedes distraerte fácilmente y, si están completamente cerrados, tu mente puede nublarse o aburrirse. Sin embargo, al comenzar, mantener los ojos entreabiertos puede ayudar a que tu cuerpo entre en un estado más profundo de relajación. Después de meditar así por un momento, naturalmente te sentirás más equilibrado y es posible que desees abrir los ojos ligeramente. Si estás utilizando un objeto visualizado como foco para la meditación, o si encuentras que tu mente está demasiado agitada, es probable que te beneficies cerrando los ojos.

Existen diferentes métodos para dirigir tu mirada. El primero es mirar directamente frente a ti cualquier color que no sea demasiado brillante, o un objeto agradable o sagrado, como una flor o una imagen de Buda. El segundo método, y más común, es dirigir los ojos hacia abajo; mirando suave y serenamente al espacio un poco enfrente de la punta de la nariz. No enfoques con demasiada fuerza, mantén los ojos quietos y permite que se produzca un parpadeo natural. Ambos métodos son adecuados para principiantes. Otros métodos de meditación específicos implican mirar hacia arriba en un espacio vasto con los ojos bien abiertos, lo que de hecho puede suceder naturalmente cuando la mente ha alcanzado un cierto nivel de calma y comienza a surgir una visión clara. Otro método, practicado ampliamente en la tradición Jonang del Budismo Tibetano, es meditar en una habitación completamente oscura, con los ojos bien abiertos y mirando hacia arriba, enfocados a unos treinta centímetros de la frente en la oscuridad que todo lo abarca.

Cualquiera que persevere en la práctica de la *Postura de los Siete Puntos de Vairochana*, independientemente de cuán dura o dolorosa pueda parecer inicialmente, eventualmente la encontrarás extremadamente cómoda y beneficiosa para la salud. Sin embargo, el principal beneficio es que ayudará a tu práctica de meditación y desarrollo mental a largo plazo. Si no estás realmente preocupado por practicar intensamente y alcanzar shamatha, es igual de efectivo practicar en cualquier posición en la que te sientas cómodo y te relajes fácilmente.

(iii) La Actitud Correcta

Hay muchas 'condiciones internas' que son necesarias para una práctica de meditación exitosa. Según las enseñanzas Theravada, la renunciación es la condición más importante - esto significa reconocer la verdad del sufrimiento y ver la meditación como una herramienta para superar tu experiencia de sufrimiento-. Algunas personas toman la meditación con esto en mente, pero olvidan esta intención y se vuelven complacientes cuando su práctica va bien o sus vidas han mejorado. El Buda comparó esto con alguien que está buscando en un árbol la parte más fuerte de este, pero en cambio, corta las ramas o corteza, pensando que es la parte más resistente.

En la tradición tibetana, el noveno Karmapa describe cuatro condiciones necesarias para una meditación exitosa - renuncia, confianza en un maestro del Dharma calificado, una perspectiva no sectaria y una mente libre de expectativas-. Si estás siguiendo un camino Mahayana, es importante ver la iluminación de los demás como más importante que tu propia liberación, recordando la motivación especial de la bodichita e invocando el apoyo del Buda o de tu maestro del Dharma. También debes reavivar esta motivación al final de tu práctica dedicándote a la iluminación de todos los seres. Esto asegura que el mérito de tu práctica sea seguro y pueda aumentar; de lo contrario, la negatividad la puede reducir o destruir.

En un sentido práctico, debes considerarte una persona 'sin historia', abandonando la preocupación por los recuerdos del pasado o el futuro, así como por las distracciones y expectativas presentes. En particular, debes abandonar los pensamientos de desánimo si tu práctica no va bien, evitando dejarse llevar por el orgullo y la emoción si encuentras buenas experiencias durante la meditación.

(iv) Prácticas Preliminares

Para comenzar la meditación con una mente tranquila y receptiva, es útil realizar algunas prácticas preliminares que pueden ayudarte a lograrlo.

La primera de ellas es una breve práctica de la tradición tibetana llamada *exhalar el aire fétido*, que consiste en visualizar todas tus impurezas como humo y expulsarlas con fuerza por las fosas nasales. Esto ayuda a eliminar del cuerpo sutil las corrientes de energía contraproducentes asociadas con el apego, la aversión y la ignorancia. Como la respiración y la mente están íntimamente conectadas, esta práctica es un excelente punto de partida para cualquier meditación.

Una versión simple de esta práctica es tomar tres respiraciones profundas, cada vez inhalando hasta la boca del estómago y reteniéndola por un tiempo, luego exhalando con fuerza por ambas fosas nasales mientras visualizas todas las energías impuras como la lujuria y el odio que abandonan tu mente y cuerpo. Esto puede repetirse en cualquier momento durante tu meditación si sientes que estás perdiendo el enfoque.

Una versión un poco más elaborada implica un total de nueve respiraciones. Primero, inhalas profundamente por la fosa nasal derecha mientras presionas la fosa nasal izquierda para cerrarla con el pulgar izquierdo. Es posible que desees estabilizar la posición de tu mano izquierda sosteniendo el dedo índice izquierdo en el centro de la frente. Luego presionas la fosa nasal derecha para cerrarla con el dedo medio izquierdo y suelta la fosa nasal izquierda, exhalando por la fosa nasal izquierda. Repite esto tres veces y luego inhala profundamente por la fosa nasal izquierda mientras continúas presionando la fosa nasal derecha para cerrarla con el dedo medio izquierdo; luego presiona la fosa nasal izquierda para cerrarla con el pulgar izquierdo y suelta la fosa nasal derecha, exhalando por la fosa nasal derecha. Repite esto tres veces. Finalmente, vuelve a colocar las manos en el regazo e inhala profundamente por ambas fosas nasales y luego exhala por ambas fosas nasales. Repite esto tres veces, haciendo un total de nueve respiraciones.

Después de esta práctica de respiración, un ritual útil a seguir es mover tu cuerpo de un lado a otro y luego estar atento a los puntos de contacto y los sonidos a tu alrededor. Primero asegúrate que tu columna esté recta y mueve suavemente tu cuerpo de lado a lado, con movimientos cada vez más sutiles hasta que naturalmente alcances un punto de equilibrio. Posteriormente, se consciente de los puntos de contacto entre tus piernas o pies y el piso, tus nalgas, asiento, manos y tu regazo, asimismo, asegúrate rápidamente de que tu vientre, hombros, lengua y mandíbula están todos relajados. Finalmente, toma conciencia de todos los sonidos que te rodean - frente a ti, detrás de ti y a ambos lados, simplemente siendo receptivo y escuchando sin ninguna reacción-. Ahora estás listo para meditar.

CAPÍTULO 2

La Respiración como un Objeto y las Etapas de la Meditación

En este capítulo describiré cómo usar la respiración como objeto de meditación y cómo puede conducir gradualmente al logro de shamatha. Muchas personas en el mundo moderno viven en un entorno muy ocupado y estimulante, propensos al pensamiento y la agitación excesivas. Estas aflicciones, a menudo, están relacionadas con una gran cantidad de 'tensión nerviosa' acumulada en nuestros cuerpos. Un método efectivo para contrarrestar estas aflicciones lo encontramos en la meditación en la respiración. También fue el método de meditación más enseñado por Buda..

Usando la meditación en la respiración como base, describiré cuatro etapas progresivas: atención plena del momento presente, enfocar la mente en el objeto, mantener la mente en el objeto y afinar la mente (que conduce a shamatha). Esta presentación cubre los nueve estados progresivos de atención en la tradición tibetana, basados en las enseñanzas del Buda Maitreya y Kamalashila, así como las etapas de la meditación en la respiración presentadas en el Anapanasati Sutta en la tradición Theravada. En las dos primeras etapas se enfatiza el desarrollo de la relajación, mientras que en la tercera etapa se enfatiza la atención plena o la estabilidad de la atención. Habiendo logrado una buena relajación y estabilidad,

Tomar la respiración como objeto de meditación

la vigilancia o intensidad de la atención se enfatiza en las etapas posteriores.

Te darás cuenta que has 'alcanzado' una etapa particular cuando tu experiencia en la meditación coincide con la descripción de la etapa, en todas tus sesiones y durante la mayor parte de la meditación. No obstante, la etapa que has alcanzado puede parecer que varía considerablemente de una sesión a otra, en consecuencia, es importante ajustar tu método para que se adapte a tu estado mental. Si, por ejemplo, tu mente está mucho más agitada de lo habitual, es una buena idea empezar desde el principio, estableciendo primero, la atención relajada del cuerpo, los sentimientos y la mente anclados en la respiración. Por lo general, puedes avanzar rápidamente a través de las etapas iniciales antes de llegar a tu 'etapa habitual', siempre que recuerdes no apresurarte demasiado. La 'paciencia diligente' es la forma más segura de progresar.

Recuerda que tu sendero de meditación nunca es fijo, y en cierta etapa puedes decidir que un objeto o método de meditación diferente es más beneficioso. Por ejemplo, cuando alcanzas un cierto nivel de concentración, es posible que prefieras meditar con la conciencia despejada como un objeto, usar una visualización y un mantra o quizá dedicar más tiempo al estudio y la meditación analítica. De esta manera, sea cual sea el objeto que elijas, las etapas que conducen a shamatha siguen aplicando a tu práctica de meditación.

I. ATENCIÓN PLENA DEL MOMENTO PRESENTE USANDO LA RESPIRACIÓN

A muchas personas les resulta difícil elegir un solo objeto de meditación de inmediato. Tomando esto en cuenta, el objetivo de esta primera etapa, es crear un estado de ánimo receptivo (pero no reactivo), capaz de simplemente notar todos los estímulos externos sin reaccionar a ellos o aceptarlos. Además, puedes utilizar la respiración para anclar tu conciencia y relajar conscientemente el cuerpo. De este modo, puedes generar rápidamente un estado mental tranquilo y a la vez alerta; de manera que no estés ni demasiado tenso ni demasiado relajado.

¿Qué es la Atención Plena?

Literalmente, esto significa que la mente está 'llena' de lo que sea que esté experimentando. En el que simplemente observas tu experiencia y permaneces presente de manera natural, sin la elaboración de pensamientos ni describir lo que está sucediendo. Un maestro de Theravada describió la atención plena en términos de cinco características:

1. Una conciencia presente central.
2. Aferrarse y prestar atención, ya sea con un enfoque receptivo abierto o un enfoque más limitado.
3. Una conciencia que no juzga, retrocede en lugar de quedar atrapada en un juicio, viendo las cosas como son y no como somos.
4. Una cualidad receptiva, abierta a una gama completa de experiencias sin resistirse ni reaccionar, como una antena parabólica que recibe información.
5. Una conciencia impersonal, que no acepta o toma todo lo que percibe, incluidos todos los pensamientos, sentimientos y sensaciones dolorosas.

Para desarrollar la atención plena, primero debes ser consciente de los diferentes elementos que componen tu experiencia. Esto se describe en detalle en una enseñanza conocida como los cuatro fundamentos de la atención plena, del Satipatthana Sutta. Esto incluye:

1. Atención Plena del Cuerpo

Esto incluye la atención plena de la respiración, saber cuándo estás experimentando una respiración larga o corta, ser consciente del movimiento de la respiración y la calma que esto brinda a todo el cuerpo. También incluye: atención plena a la posición del cuerpo (saber cuándo estás caminando, cuando estás de pie, sentado o acostado), atención plena al caminar, atención plena de cómo te mueves, comes, bebes y defecas, atención plena al hablar y guardar silencio, atención plena de las características poco atractivas de tu cuerpo, la atención plena a los elementos que componen tu cuerpo, atención plena a la muerte y a la transitoriedad.

2. Atención Plena de los Sentimientos

Esto incluye simplemente saber cuándo estás experimentando una sensación agradable, una sensación dolorosa o una sensación neutra. Esto puede ocurrir a través del contacto con los cinco sentidos o mediante el contacto con objetos mentales, incluidas percepciones, recuerdos, pensamientos e imágenes mentales. También pueden surgir sentimientos más sutiles cuando tu mente está en calma, como una sensación de dicha o felicidad que impregna tu cuerpo.

3. Atención Plena de los Estados Mentales

Esto incluye saber que una mente con deseo es una mente con deseo, mientras que una mente sin deseo es una mente sin deseo. De este modo, sabes cuándo están presentes la ira, la ignorancia, la concentración, la distracción, entre otros, en consecuencia, te das cuenta cuándo estos estados están ausentes.

También te das cuenta cuándo la mente está concentrada y cuándo se libera, o cuándo no es así.

4. *Atención Plena de los Fenómenos*

Esto significa que estás atento a todos los fenómenos o contenidos de la mente. Puede incluir la conciencia de objetos sensoriales como sonidos, objetos visuales, gustos, olores y sensaciones táctiles, así como objetos mentales como recuerdos y proliferación de pensamientos. Sin embargo, también se refiere a saber que la naturaleza de tales fenómenos es transitoria, sufriente (o incontrolable) y desprovista de naturaleza propia.

En resumen, la atención plena significa estar consciente de una amplia gama de experiencias, comenzando con la conciencia del cuerpo y extendiéndose a los sentimientos, estados mentales, objetos sensoriales y mentales. Entonces puedes descubrir que tu mente puede sentirse 'llena' en lugar de fragmentada, incorpórea o atrapada en el pensamiento. El Satipatthana Sutta también establece que debes contemplar todos estos objetos como 'surgen, desaparecen y tanto surgir como desaparecer, así como 'interna, externa y tanto interna como externamente'. Esto puede darle más profundidad a tu práctica de la atención plena, ayudándote a extenderla al mundo exterior y alinear tu experiencia con la visión budista de la realidad.

Atención Plena usando la Respiración como Ancla

Aunque es posible practicar la atención plena simplemente poniendo atención a lo que sea que surja en tu experiencia, puede ser aún más útil anclar esta experiencia con la conciencia de la respiración. Así, el Buda, enseñó el Anapanasati Sutta para mostrar cómo mediante la atención plena en la respiración podría cumplir con los cuatro fundamentos de la atención plena y cómo esto podría conducir a la liberación..

Este sutta da instrucciones que consisten en dieciséis respiraciones de atención plena, como un método rápido y eficaz para calmar la mente y al mismo tiempo obtener una conciencia clara de nuestra experiencia. Estas dieciséis respiraciones también se refieren a dieciséis etapas de concentración, las cuales se logran en secuencia; sin embargo, aquí las consideramos juntas.

Para comenzar esta práctica debes buscar un lugar tranquilo y establecer la postura correcta, con el cuerpo erguido, permaneciendo atento al flujo natural de tu inhalación y exhalación. Deberías decirte a ti mismo o simplemente saber que:

Inhalando largo, consciente de la respiración larga (o corta),
exhalando consciente de la respiración larga (o corta)
Respiración corta, consciente de la respiración corta,
exhalando, consciente de la respiración corta
Inhalando consciente del cuerpo,
exhalando consciente del cuerpo
Inhalando para calmar el cuerpo,
exhalando calmando el cuerpo
Inhalando consciente de los sentimientos,
exhalando consciente de los sentimientos
Inhalando para calmar los sentimientos,
exhalando calmando los sentimientos
Inhalando consciente de la alegría,
exhalando consciente de la alegría
Inhalando consciente de la felicidad,
exhalando consciente de la felicidad
Inhalando consciente de la mente,
exhalando consciente de la mente

Inhalando, alegrando la mente,
    exhalando, alegrando la mente
Inhalando, concentrando la mente,
    exhalando, concentrando la mente
Inhalando, liberando la mente,
    exhalando liberando la mente
Inhalando, consciente de la transitoriedad,
    exhalando consciente de la transitoriedad
Inhalando, consciente de desaparecer,
    exhalando, consciente de desaparecer
Inhalando, consciente de la liberación,
    exhalando, consciente de la liberación
Al Inhalar, dejar ir; al exhalar, dejar ir

Repite este ciclo de respiración una y otra vez, notando cómo tu mente y tu cuerpo se tranquilizan, claros y presentes. Al principio, es útil repetir las instrucciones en silencio mientras inhalas y exhalas; entretanto haces esto, contempla cada tema, especialmente sobre la transitoriedad. Puedes pensar, por ejemplo, sobre el cómo no existe un yo permanente en tu cuerpo, sentimientos o mente, cómo cada uno de estos tiene un sufrimiento natural (naturaleza 'sufriente') o una naturaleza incontrolable y de, él cómo no hay un 'yo' que controle lo que sucede. Eventualmente, puedes dejar ir esto y 'simplemente saber' que estás consciente de todos estos elementos mientras respiras, te sumerges en un estado más receptivo de conciencia. Cuando tu mente comience a divagar o pierdas interés, puedes volver a repetir estas instrucciones en silencio, tal vez de forma condensada, dos, cuatro u ocho ciclos de respiraciones de atención plena. Al alternar de esta manera, con algo de práctica deberías poder mantener una buena concentración.

La respiración como un 'ancla' para la atención plena es algo a lo que siempre puedes volver si tienes dificultades en la meditación o en la vida diaria. Similar a la playa. Las situaciones desafiantes que emergen en la meditación o en la vida son como olas en el océano, pero si sabes cómo regresar a la playa, evitarás que te arrastre al mar o ser tumbado por grandes olas. De esta manera, puedes incorporar esta práctica a la vida diaria, a base del ciclo respiratorio -inhalación, exhalación- y el estar aprendiendo a asociar la atención plena con la respiración. Durante los descansos en tu actividad normal, puedes respirar profundamente unas cuantas veces y volver conscientemente al estado de alerta y relajación que has desarrollado durante la meditación formal.

II. Enfocar la Mente en el Objeto de Meditación (Como una Cascada que cae sobre las Rocas)

Cultivando primero la atención plena del momento presente, descubrirás cómo una mente alerta puede coexistir con un cuerpo relajado. Luego, para desarrollar un tipo de concentración más enfocada, puedes concentrarte en un campo de atención más reducido. Si tuvieras que enfocarte en un solo objeto para comenzar, es muy probable que limites tu mente y tu cuerpo, agravando cualquier tensión preexistente. Esto es especialmente cierto en el mundo moderno, donde las personas a menudo tienen una gran cantidad de tensión almacenada en sus cuerpos.

Siguiendo el Anapanasati Sutta, la forma más eficaz de comenzar esta práctica es simplemente observar la respiración lo suficiente para saber si es larga o corta. De este modo, te dices a ti mismo:

Inhalando consciente de la respiración corta (o larga),
exhalando consciente de la respiración corta (o larga).
Inhalando, consciente de la respiración larga (o corta),
exhalando consciente de la respiración larga (o corta).

La clave de la meditación en esta etapa es mantener un estado mental relajado; el mayor obstáculo que enfrentarás es la tendencia de tu mente a controlar la respiración. Así, esta instrucción te permite mantener una estrecha conciencia del flujo natural de la respiración y, al mismo tiempo, resistirte a controlarla. De este modo, al dejar ir la tendencia de controlar tu respiración (simplemente notando cuando se detiene por sí sola) ayudará a relajarte mientras diriges tu atención a la duración de la respiración, aumentando tu estado de alerta.

El sutta no especifica dónde debemos enfocarnos en la respiración. Para lograr la relajación, es beneficioso estar consciente de la respiración a través de todo el cuerpo, pero, es posible que te resulte más natural enfocarte en un área específica como el pecho o el abdomen. A medida que te das cuenta de la 'respiración' de todo el cuerpo, tu percepción de la respiración se vuelve más sutil. Esto se conoce como el viento interior, que a veces se siente como corrientes de energía que viajan por todo el cuerpo. Puedes visualizar esta respiración sutil circulando por tu cuerpo, pasando por cada parte a su vez, o puedes imaginar que todo tu cuerpo está exhalando e inhalando, como si una ola de aire viajara a través de tu cuerpo. También puede ayudar a que tu cuerpo se relaje el colocar la lengua detrás de los dientes inferiores y ralentizar la exhalación. Sin embargo, si estos métodos no logran calmar tu mente, es posible que exista un área de tensión en una parte particular de tu cuerpo, quizá relacionada con ciertas emociones dolorosas, en este caso, puede ayudar el enfocar tu respiración específicamente en el área de tensión, observando cualquier cosa que surja y expandiendo la respiración alrededor de esta área.

Otra técnica en esta etapa es contar la respiración, mediante un número por cada respiración. Un método consiste en repetir 'uno, uno, uno ...' durante una inhalación y exhalación, y luego 'dos, dos, dos ...' durante la siguiente respiración, repitiendo esto por un total de diez respiraciones antes de contar en forma regresiva, del número diez hasta el uno. Otro método alternativo es contar 'uno' después de que ha cesado la inhalación, seguido de 'dos' después de que ha salido la exhalación, repitiéndolo de nuevo diez veces más. Un tercer método es utilizado en la tradición tailandesa el cual consiste en recitar el mantra Buddho con la respiración: *Bud* con la inhalación y *Dho* con la exhalación.

Esta etapa de la meditación en la respiración equivale aproximadamente a los dos primeros estados de atención en el sistema Tibetano, donde el enfoque está en comprender las instrucciones de meditación y lograr un estado de relajación:

1. *Enfocando la Mente en un Objeto*

Al principio, mantener la mente fija en el objeto requiere mucho esfuerzo. Inicialmente, tu capacidad para mantener el enfoque en el objeto será bastante limitada y solo habrá breves momentos en los que puedas lograrlo. Incluso puede parecer que tu mente está aún más perturbada que antes de comenzar y quizá tengas la sensación de que tus pensamientos discursivos están aumentando. Sin embargo, es probable que esto signifique que te estás volviendo consciente de la condición habitual de la mente por primera vez, siendo este el primer logro.

Esta primera etapa se logra mediante el poder de escuchar o prestar atención a las instrucciones del maestro sobre el método de meditación y de cuál objeto elegir. El logro de la etapa coincide cuando puedes colocar la mente en el objeto de meditación deseado, aunque sea por uno o dos segundos. Si tu objeto es la respiración, esto se puede lograr en tu primer intento, aunque si se trata de una visualización compleja, esto puede llevar varias semanas para lograrlo.

2. Enfoque Continuo

Durante esta etapa, los períodos de distracción son aún más largos que los períodos de concentración, no obstante, los períodos durante los cuales puedes permanecer enfocado en el objeto se vuelven más frecuentes. La mente se comienza a volver más estable y ocasionalmente puede mantener un enfoque ininterrumpido de uno a cinco minutos aproximadamente; tienes la sensación de que los pensamientos discursivos están disminuyendo. Así, mediante el poder de la reflexión se logra esta etapa. Eres capaz de fijar la mente en el objeto, pero, sin embargo, aún necesitas recordar las instrucciones una y otra vez con comprensión.

Estos dos primeros niveles tienen como fin el poner la mente en un objeto; siendo de suma importancia generar un compromiso estrictamente enfocado. Las etapas posteriores, por otro lado, están destinadas a mantener la mente en el momento presente. Las principales fallas a superar en estos dos niveles son la pereza, especialmente, no escuchar de manera cuidadosa las instrucciones y olvidar el objeto de meditación.

En esta etapa, el movimiento de los pensamientos a través de la mente se asemeja a una cascada que cae sobre las rocas; esto no significa que la cantidad de nuestros pensamientos esté aumentando, sino que nos estamos dando cuenta de ellos por primera vez.

III. Mantener la mente en el objeto de meditación (convirtiéndose como un río que fluye a través de un desfiladero)

En la etapa anterior, comenzaste a experimentar un enfoque continuo en la respiración, dirigiendo tu atención a la conciencia de su duración o contando la respiración mientras el cuerpo se relaja cada vez más. Una vez desarrolles algo de estabilidad con este método, simplemente puedes dejar que tu atención fluya con la respiración, siguiéndola en toda su extensión. Por lo tanto, deja que tu mente se absorba en la respiración desde el primer momento de la inhalación hasta el último momento, notando la brecha en el medio y luego siguiendo la exhalación de principio a fin. De esta manera, con tu cuerpo ya bastante relajado, comienzas a desarrollar la atención plena continua y luego, la vigilancia. Según el sutta, simplemente debes saber:

Inhalando consciente de todo el cuerpo (de la respiración),
  exhalando consciente de todo el cuerpo (de la respiración).

Esta instrucción generalmente se refiere a la duración de la respiración, aunque algunos lo interpretan en el sentido de que debes estar consciente de cómo fluye la respiración por todo el cuerpo. De igual manera que en la etapa anterior, debes concentrarte en la respiración de donde sea que venga naturalmente, enfocándote hacia abajo si necesitas relajarte más (por ejemplo, en el abdomen) y enfocándote hacia arriba si necesitas mejorar tu vigilancia (por ejemplo, en la punta de la nariz). Al mismo tiempo, sin embargo, debes mantener una conciencia periférica de todo el cuerpo mientras respiras.

El objetivo de esta etapa es estar tan absorto en la respiración que no te distraigas con sonidos, imágenes o incluso, sensaciones incómodas en el cuerpo. Esto especialmente si estás cansado. En lugar de permitir que tu mente se nuble, es necesario que realices un esfuerzo atento para reforzar tu enfoque y capturar claramente cada instante de la respiración.

Los estados de atención correspondientes, que tienen como objetivo establecer la atención plena y luego la vigilancia, son los siguientes:

3. Enfoque Parcheado

En esta etapa, te das cuenta de cualquier distracción en tu concentración y has desarrollado la capacidad de llevar la mente de regreso al objeto de meditación con esfuerzo a través del poder de la atención plena. Puedes devolver tu atención al objeto tan pronto como comience a divagar, como si estuvieras colocando un parche sobre un agujero. De este modo, restableces tu concentración y puedes permanecer enfocado ininterrumpidamente, generalmente de cinco a diez minutos. Volviéndote consciente y progresando hacia la meditación real, ya que tu atención está fija en el objeto la mayor parte del tiempo prácticamente en todas tus sesiones de meditación. Llegar incluso a esta tercera etapa es un gran logro y puede marcar una gran diferencia en tu capacidad para controlar tu mente en la vida cotidiana.

4. Enfoque cercano

Tu enfoque es tan fuerte en esta etapa que la mente nunca pierde completamente la fijación en el objeto y la agitación burda ya no es más un obstáculo. En consecuencia, la mente se aparta de una amplia gama de cosas y está más enfocada. Aun cuando puedes sostener el objeto de manera continua, sin embargo, aún existe la necesidad de desarrollar niveles crecientes de claridad o intensidad y también de lidiar con la agitación sutil, esto significa que parte de tu mente se desvía del objeto de concentración más no lo pierdes por completo. Durante esta cuarta etapa se logra el poder de la atención plena, por lo que puedes sostener el objeto de concentración con tal estabilidad que fácilmente vuelves a él siempre que te distraigas. No obstante, debes asegurarte de que esta estabilidad no se produzca a expensas de la relajación. Si esto sucede, debes aplicar técnicas para relajar la mente con el fin de lidiar con la agitación sutil, tal como mantener la lengua detrás de los dientes inferiores.

5. Disciplinando la mente

Ahora hemos desarrollado la capacidad de superar el aburrimiento y la agitación burda, y se está llevando a cabo la observación o la vigilancia de la mente. El obstáculo a superar en esta etapa es el embotamiento o el hundimiento sutil, que surge debido al avanzado alejamiento de la mente de los objetos extraños. Situación que requiere mucha disciplina y esfuerzo para superarse. Existe un peligro significativo de no reconocer el embotamiento sutil o el hundimiento, este se enmascara de un estado mental estable y pacífico, por lo que debes eliminar este obstáculo fortaleciendo tu conciencia con vigilancia creciente. Sin embargo, puede ser un desafío superar la sutil monotonía sin socavar la estabilidad, y esto a veces puede ser un acto de equilibrio bastante delicado. En esta etapa, necesitamos generar una mente elevada a través de la inspiración, por ejemplo, recordando las buenas cualidades de shamatha o las enseñanzas del Buda. También puede ayudar a elevar el objeto de meditación y hacerlo más pequeño o definido, y asegurarse que la lengua descansa detrás de los dientes superiores.

En esta etapa continúan surgiendo pensamientos involuntarios, aunque ahora, en lugar de una cascada, fluyen como un río que se mueve suavemente a través de un desfiladero. Pues todavía hay un poco de resistencia a la práctica, no obstante, los resultados de nuestros esfuerzos suelen ser bastante evidentes.

IV. Afinando la mente (como un río que fluye lentamente a través de un valle)

Habiendo logrado la atención plena continua de la respiración con un alto nivel de disciplina, entonces debes calmarte. Si saltas a este paso demasiado pronto, puedes caer presa del embotamiento y la somnolencia. Por tanto, debes asegurarte de completar la etapa anterior, capturando todo el aliento, antes de poder intentar calmarlo, al igual que primero debes capturar un caballo salvaje antes de poder domesticarlo. Así,

El sutta continúa, dando las instrucciones:

Inhalando para calmar el cuerpo (de la respiración),
  exhalando, calmando el cuerpo (de la respiración).

La dificultad puede surgir aquí porque hemos utilizado una fuerza de voluntad sustancial para lograr la etapa anterior, mientras que ahora lo que se requiere es un soltar suave y persistente. Este puede ser un buen acto de equilibrio y puede ayudar a reducir la respiración y volver a poner más énfasis en relajar el cuerpo.

El sutta continúa:

Inhalando consciente de la alegría,
  exhalando consciente de la alegría
Inhalando consciente de la felicidad,
  exhalando consciente de la felicidad

Esto se refiere al surgimiento de la alegría y la felicidad (*piti* y *sukha* en pali) cuando la respiración se calma, como la luz dorada del amanecer que emerge en el horizonte oriental. Ahora desarrollas una atención completamente sostenida de la 'respiración hermosa' y solo quedan rastros de pensamiento discursivo. Cuando puedes permanecer con este objeto con facilidad durante un largo tiempo, experimentando una gran cantidad de alegría y felicidad, la mente se vuelve muy concentrada y eres capaz de pasar al siguiente paso.

La siguiente etapa, siguiendo al sutta, es:

Inhalando consciente de la mente,
   exhalando consciente de la mente

En esta etapa, tu atención es tan refinada que la respiración parece desaparecer por completo, siendo reemplazada por un signo mental adquirido, más sutil conocido como *nimitta*. El sentido del tacto (sensación física de la respiración) se apaga y ahora experimentas la respiración como un objeto puramente mental, percibido, por ejemplo, como una luz blanca, una perla azul o quizás una sensación de éxtasis. Esto es como la luna llena (la mente) que sale de detrás de las nubes (el mundo de los cinco sentidos). Este objeto sutil se convierte entonces en el foco de tu meditación y te lleva a través de las etapas de atención superiores.

Ajahn Chah compara la aparición de éste signo con un animal tímido, que solo se acercará si estás absolutamente quieto. De manera similar, si estás absolutamente quieto, el *nimitta* sale, y solo si continúas absolutamente quieto, permanece. Otro símil es una habitación oscura, en la que eventualmente puedes ver formas a medida que tus ojos se acostumbran a la oscuridad. De la misma manera, el *nimitta* emerge gradualmente de la quietud una vez que la respiración ha 'desaparecido'.

Las siguientes dos líneas del sutta nos instruyen sobre qué hacer en el caso de que surjan formas sutiles de embotamiento y excitación, situación que surge mientras estás enfocado en el nimitta:

Inhalando, alegrando la mente,
exhalando, alegrando la mente
Inhalando, concentrando la mente,
exhalando, concentrando la mente

Puede ser que tu experiencia del *nimitta* sea opaca o mancha-da, quizás porque tu energía mental es baja. El antídoto es traer más alegría a la meditación y experimentar este objeto mental más plenamente. Puedes enfocarte más intensamente en el centro del *nimitta*, agudizar tu atención o quizás volver a la etapa anterior, enfocándote en la hermosa respiración. También puedes aumentar tu alegría recordando las Tres Joyas o evocando los beneficios de las virtudes como la bondad amorosa.

Si, por el contrario, la apariencia del *nimitta* es inestable, debes asegurarte de que tu mente esté perfectamente quieta y concentra-da. Esto significa no solo mantener la imagen quieta, sino también mantener al conocedor estable, ese aspecto de la mente que 've' la imagen. Cuando surge el *nimitta* por primera vez, es posible que encuentres en ello miedo o excitación, al igual que cuando conoces a un extraño por primera vez. De la misma manera que aprendes a relajarte en la compañía de este extraño a medida que los conoces, puedes aprender a relajar la mente un poco y man-tenerte presente con el hermoso *nimitta*.

Hay dos fases de atención que corresponden a estas etapas de la meditación respiratoria:

6. *Pacificando la mente*

En la etapa anterior se superó el embotamiento sutil (si bien aún quedan algunas huellas); más ahora, existe el peligro de vigorizar demasiado la mente. Esto conduce al surgimiento de una sutil agitación o excitación que necesita ser apaciguada. En esta etapa la atención y la vigilancia se vuelven más intensas, perfeccionándose a través de la atención ininterrumpida, situación que supera esta excitación sutil. Puedes tener el hábito de relajar la mente cada vez que aparece una excitación sutil; esto, a veces, puede ser necesario, aunque en esta etapa también necesitas incrementar tu vigilancia y tensar la mente para superarlo.

En la quinta etapa, el embotamiento sutil es superado por el poder de la vigilancia inspirada, y ahora, durante esta sexta etapa, se está desarrollando una facultad más fuerte conocida como *vigilancia completa*. Esto te permite superar la excitación sutil, si bien no se elimina por completo. La calidad de la atención se convierte así en un canal de radio claro, sin ruidos extraños ni estática. Debido a que, en esta etapa, ya no experimentarás resistencia a la práctica de la meditación y tus sesiones pueden durar una hora o más.

7. *Pacificando Completamente la mente*

Con inspiración y perseverancia, se desarrolla aún más la vigilancia completa, por lo que los rastros restantes de sutil hundimiento y excitación se eliminan y, en consecuencia, desaparecen por completo. De esta manera, eres capaz de abandonar el hundimiento sutil y la excitación enseguida que se produzcan gracias al poder de la *diligencia entusiasta*. Tan pronto como se asienta el hundimiento, despiertas tu atención, y cuando ocurra la excitación, te relajas un poco. De esta forma, estos desequilibrios de atención son reconocidos rápidamente y se remedian fácilmente con ajustes bastante sutiles.

V. Unificando la mente (como un océano inmovible por las olas)

La práctica de la conciencia de la respiración ha cambiado ahora a la conciencia de un hermoso signo mental estable, o *nimitta*. Habiendo superado casi todo rastro de embotamiento y excitación, la meditación se desarrolla ahora sin obstáculos y sin esfuerzo. Aprendes a confiar en tu experiencia completamente y a permanecer absorto en el objeto, tratando de renunciar a todo control mientras la intensa belleza del *nimitta* mantiene tu atención sin tu ayuda. Simplemente disfruta del viaje mientras tu atención se dirige al centro o la luz se expande y te envuelve.

Continuando con el ejemplo del animal tímido que solo se acerca a ti cuando estás apacible, notando que salen más animales cuando estás aún más sosegado. Al principio solo salen animales ordinarios, pero ahora emergen animales extraños y maravillosos. De manera similar, surgen más *nimittas* que te llevan a niveles aún más profundos de meditación. En particular, un signo mental más sutil conocido como 'signo de contraparte' (*patibhaga nimitta*) aparece en una determinada etapa, como si saliera del signo adquirido. Está mucho más purificado, no obstante no tiene color ni forma. La apariencia de este signo corresponde al logro de shamatha. Las etapas finales de la práctica de Anapanasati del Buda se refieren a la experiencia de la meditación y la percepción *jhana*, que se comentan más adelante.

Esta descripción es equivalente a los dos estados de atención finales que conducen directamente a shamatha, la décima etapa:

8. *Unidireccional*

En esta etapa desarrollas una habilidad espontánea especial para fijarte en un solo punto en el objeto durante el tiempo que desees. Se requiere un poco de esfuerzo al comienzo de la meditación y luego puedes fluir con el impulso de la práctica sin interrupciones y sin más esfuerzo. Por ende, el hundimiento sutil y la excitación se eliminan con un pequeño grado de esfuerzo mediante el poder de la diligencia entusiasta. En esta octava etapa logras un *compromiso ininterrumpido,* lo que significa que la mente puede enfocarse con absorción continua en el objeto de concentración. Esto contrasta con las etapas anteriores que se logran con un compromiso interrumpido.

En esta etapa, puedes sostener una atención altamente enfocada por aproximadamente tres horas, espacio de tiempo, en la que tu mente continúa como un océano indiferente a las olas, agitado solo por una onda ocasional.

9. *Ecuanimidad*

En la novena etapa hay una entrada y una permanencia en la meditación profunda sin esfuerzo. La mente se coloca sobre el objeto por sí misma, sin resistencia y de forma espontánea. Esto se logra mediante el poder de la familiaridad completa y el compromiso espontáneo. La mente está ahora perfectamente pacificada, sin la posibilidad del surgimiento de un sutil embotamiento y excitación -emoción-, y puedes mantener una concentración perfecta durante al menos cuatro horas. Sin embargo, si interrumpes tu práctica, el embotamiento y la excitación aún pueden deteriorar tu estado de equilibrio atencional, ya que éstos, no se han eliminado por completo.

Alcanzar este noveno estado de atención es el logro máximo en el 'reino del deseo', que describe el estado mental de los seres humanos. Esto conduce naturalmente al logro de shamatha.

10. *El logro de Shamatha*

Cuando shamatha se logra realmente, hay un cambio radical en tu cuerpo y mente; te sientes como una mariposa emergiendo de su capullo. Tu mente en esta etapa ha ido más allá del reino del deseo y ahora has obtenido acceso al *reino de la forma*, una dimensión sutil de conciencia que trasciende el reino de los sentidos físicos.

Este cambio se caracteriza por experiencias específicas que tienen lugar en un espacio de tiempo, especialmente corto. En primer lugar, un viento poderoso entra a través de tu coronilla y se disuelve por todo tu cuerpo, sintiéndote como si estuvieras lleno del poder de una energía dinámica dichosa. Tanto tu cuerpo como tu mente están ahora imbuidos con un tipo especial de docilidad, haciendo que el cuerpo se sienta boyante y libre de disfunciones físicas; llenando la mente con una abrumadora sensación de alegría. Tienes una sensación de frescura total y una mayor capacidad mental. Así, tu mente es como una lámpara de aceite que no se mueve con el viento, descansando brillante y clara, sin que nada la inmute.

Una vez que hayas alcanzado shamatha, puedes entrar en este estado a voluntad y meditar todo el tiempo que desees sin interrupciones, e incluso puedes sobrevivir sin necesidades básicas como comer, beber agua o dormir. Durante la meditación, tu atención permanece alejada por completo de los sentidos físicos, los pensamientos discursivos y las imágenes mentales. Esto, no obstante, puede indicar que debes salir de la meditación después de un período específico. Sin embargo, las tendencias aflictivas no se erradican por completo y aún pueden aflorar emociones fuertes bajo ciertas condiciones. Si, por otro lado, eres capaz de renunciar genuinamente a las preocupaciones mundanas y deseas liberarte del sufrimiento, puedes usar shamatha como una herramienta para obtener una visión directa de la verdad de la transitoriedad, el sufrimiento y el desinterés. Esto puede llevar a la eliminación completa de todas las emociones y estados mentales aflictivos, ya que cuando te das cuenta de que no existe un 'yo', estos estados mentales no tienen nada a lo que aferrarse. Este es el nirvana.

VI. Un resumen del sendero de Shamatha

Tradicionalmente, los nueve estados progresivos de atención que conducen a shamatha están representados por un dibujo de un elefante, un mono y un monje, como se muestra y describe en la siguiente imagen: cinco símbolos representan los cinco objetos de los sentidos, los objetos de agitación de la mente. El elefante negro representa la torpeza mental burda, el mono negro representa la agitación burda y el monje simboliza al meditador.

9 Etapas progresivas del desarrollo mental: los seis poderes del estudio, Contemplación, Memoria, Comprensión, Diligencia y Perfección

Al principio, el mono negro tiene el control completo del elefante, esto significa que las distracciones te dominan de manera habitual. El monje inicialmente trabaja muy duro para tratar de poner la mente bajo su control y, el fuego simboliza el gran esfuerzo que se requiere. Con un esfuerzo persistente, el monje gradualmente comienza a controlar al elefante y así, con gran disciplina, gradualmente, vence la agitación. El elefante se vuelve más blanco, lo que significa que el embotamiento burdo está siendo lentamente erradicada a través del esfuerzo en la meditación. Sin embargo, en este punto aparece una pequeña liebre negra encima del elefante, situación que representa un embotamiento sutil. Continuando con la práctica de la meditación con diligencia, llega a la siguiente etapa, momento en el que el mono ha perdido el control del elefante, pero todavía intenta interrumpirlo de vez en cuando. Esto significa que solo tienes dificultades ocasionales con la agitación y el embotamiento mental.

Poco a poco, el mono irrumpe cada vez menos y el monje obtiene un mayor control del elefante. El elefante se va tornando cada vez más blanco hasta quedar completamente blanco. En este punto, el mono ya no puede controlar al elefante en absoluto. Finalmente, alcanzas la etapa en la que tu mente se ha pacificado por completo y puedes controlarla completamente en lugar de dejarte llevar por tus emociones. Esto lo demuestra, el monje meditando mientras el elefante está completamente apaciguado. Más allá de esta etapa, vemos al monje meditando sentado sobre el elefante. También vemos dos líneas de arco iris que emergen del corazón del monje, que simbolizan el desarrollo de poderes sobrenaturales tras el dominio de la meditación shamatha. Luego, has obtenido la capacidad de enfocar la mente de un solo punto en el desarrollo de la visión o meditación vipasyana. Dependiendo del tipo de camino que estés siguiendo, puedes progresar a través de varias etapas de profundización de la visión hasta que finalmente alcances la iluminación.

De acuerdo con la tradición Theravada, lograr shamatha usando la respiración como un objeto te coloca en el umbral de experimentar los *jhanas*, estados de concentración que son aún más brillantes y poderosos, y estos conducen directamente a la percepción. El Buda resumió este sendero afirmando que la atención plena de la respiración era 'una cosa que, cuando se desarrollaba y cultivaba, cumpliría cuatro cosas', en referencia a los cuatro fundamentos de la atención plena. Estos cuatro fundamentos se describen como 'las cuatro cosas que, cuando se cultivan, cumplirían siete cosas': los siete factores de la iluminación: atención plena, investigación, discriminación, energía, alegría, tranquilidad, concentración y ecuanimidad. Estos siete factores, fueron descritos como 'siete cosas que, cuando se desarrollen y cultiven, cumplirán dos cosas', conocimiento verdadero y liberación.

Los textos afirman que por lo general se requieren al menos de seis a doce meses de práctica a tiempo completo para lograr shamatha, aunque esto varía significativamente de individuo a individuo. En la tradición Jonang del Budismo Tibetano, uno practicaba en una habitación oscura con el objetivo de lograr shamatha, y para los mejores meditadores esto tomaría un tiempo de solo cien días. Sin embargo, por lo general se necesitan ciertos preliminares para comprometerse con esta práctica tántrica, tomando en cuenta que es bastante avanzada.

CAPÍTULO 3
Obstáculos En La Práctica De La Meditación

Conocer los obstáculos que surgen en la práctica de la meditación es esencial para comprender el estado actual de tu mente y descubrir cómo superar las emociones y estados mentales contraproducentes. Los obstáculos que emergen durante la meditación son los mismos obstáculos que se presentan en la vida diaria, por lo que, al aprender a superarlos, estás desarrollando una habilidad muy útil. Ser consciente de los obstáculos también puede ayudarte a 'comenzar donde estás' y tener expectativas más realistas de tu práctica, reconociendo que se necesita tiempo para cambiar ciertos hábitos de por vida. En un nivel más avanzado, puede ayudarte a identificar con precisión qué etapa del camino de meditación has alcanzado y cómo seguir adelante.

En la tradición Theravada se describen cinco obstáculos, a saber: deseo sensorial, mala voluntad, monotonía y somnolencia, inquietud, remordimiento e incertidumbre (o duda). Cada uno de estos puede ser superado con remedios específicos. Siendo eliminados por completo en ciertas etapas avanzadas de la meditación. La tradición Mahayana, mientras tanto, habla de cinco faltas en la práctica de la meditación las cuales ocurren en varios grados durante los nueve estados de atención, y que se superan aplicando los ocho antídotos correspondientes. De este modo, primero describiré los cinco obstáculos de la tradición Theravada y luego, explicaré las cinco faltas de la tradición Mahayana, junto

5 Obstáculos a la práctica de la meditación

con sus antídotos. Continuando con una descripción, de los cinco métodos para eliminar los pensamientos que distraen siguiendo la tradición Theravada.

I. Los Cinco Impedimentos

Los cinco Impedimentos se debilitan gradualmente y finalmente se eliminan a medida que progresas en el sendero de la meditación. En el transcurso de este camino descubres lo ruidosa que es tu mente, es posible que estos obstáculos dominen por completo tu práctica. Sin embargo, a medida que progresa tu práctica, disminuyen gradualmente, permitiéndote descubrir una mente que es naturalmente tranquila y clara.

Los Cinco Impedimentos son:

1. *Deseo Sensorial*

   Esto se asemeja a un sereno estanque en el bosque mezclado con arcilla coloreada. Si examinaras tu reflejo facial en este charco de agua, no lo reconocerías ni lo verías claramente. De manera similar, morando en una mente abrumada por el deseo sensorial y no saber cómo escapar de este estado mental, no ves la realidad tal como es y no puedes beneficiarte a ti mismo ni a los demás.

   El deseo sensorial se refiere no solo a la lujuria incontrolada, sino que también al apego a objetos de los cinco sentidos: visiones, sonidos, olores, sabores y sensaciones táctiles atractivas. La clave para superar este obstáculo es abandonarlo poco a poco. Primero, puedes aprender a estar consciente y receptivo a los objetos que perciben los sentidos sin reaccionar ante ellos, y gradualmente estarás menos inclinado a distraerte o 'alejarte' de ellos en la meditación y en la vida diaria. Alguien con una gran cantidad de deseo sensual también puede beneficiarse de la meditación sobre los aspectos repulsivos del cuerpo. Asimismo, puede ser útil ser consciente de que el mayor tipo de dicha o éxtasis, el cual a menudo perseguimos en el deseo sensual, sólo puede ser encontrado cuando dejamos ir todo deseo, como en la meditación profunda.

2. *Mala Voluntad*

Esto se compara a un sereno estanque en el bosque que se calienta desde el fondo, burbujeando e hirviendo. Si examinaras tu reflejo facial en este charco de agua, no lo reconocerías ni lo verías claramente. De manera similar, al morar en una mente obsesionada por la mala voluntad, no puedes ver la realidad tal como es y no puedes beneficiarte a ti mismo ni a los demás. El remedio para la mala voluntad es meditar en la bondad amorosa o *metta*. La mala voluntad puede dirigirse hacia ti mismo, hacia otra persona o hacia el objeto de meditación. La mala voluntad hacia uno mismo a menudo se relaciona con sentimientos de culpa, expectativas irracionales de sí mismo o crecer en un entorno que carecía de amor compasivo. Puede ser útil dirigir la bondad amorosa a la imagen de un niño joven e inocente el cual representa la pureza de tu verdadera naturaleza. De manera similar, es posible contrarrestar la mala voluntad hacia los demás, recordando que todos buscan la felicidad, al igual que tú, y expandiendo tu círculo de *metta* para incluir a aquellos que están cerca y lejos. La meditación puede parecer una tarea ardua si tienes mala voluntad hacia el objeto de enfoque, por lo que puede ser útil verlo como un amigo querido, aprendiendo a amarlo y apreciarlo como lo harías con tu único hijo.

3. *Monotonía y Somnolencia*

Esto se compara a un sereno estanque en el bosque cubierto de musgo, algas y limo. Si examinaras tu reflejo facial en este charco de agua, no lo reconocerías ni lo verías claramente. De manera similar, al morar en la monotonía y somnolencia, no logras ver la realidad tal como es y no puedes beneficiarte a ti mismo ni a los demás.

La clave para superar el aburrimiento, es hacer las paces con él y dejar de luchar contra él, de lo contrario, la mente tiende a oscilar, violentamente, entre la monotonía y la agitación. Si te encuentras en un estado relajado y comienzas a caer en el aburrimiento, es importante apretar ligeramente la mente, animando tu estado de alerta como si caminaras al borde de un acantilado. También puedes reflexionar sobre la preciosa oportunidad que tienes para desarrollar tu mente con la práctica de la meditación u otros temas inspiradores. Sin embargo, si todavía te sientes cansado, es mejor descansar en lugar de forzar la meditación. A veces, el aburrimiento puede no ser el problema, sino la mala voluntad, ya que tendemos a escapar al aburrimiento si no disfrutamos de lo que estamos haciendo.

4. *Inquietud*

Esto se asemeja a un sereno estanque en el bosque agitado por el viento, ondulando, arremolinado y batido en pequeñas olas. Si examinaras tu reflejo facial en este charco de agua, no lo reconocerías ni lo verías claramente. De manera similar, al morar en una mente obsesionada por la inquietud y el remordimiento, no logras ver la realidad tal como es y no puedes beneficiarte a ti mismo ni a los demás.

La inquietud se supera cultivando un sentido interior de contentamiento, libre de expectativas y feliz de estar quieto y en silencio. También puede ayudar a relajar la meditación y asegurar que el cuerpo esté relajado. El remordimiento está relacionado con una conciencia incómoda, y si este es el caso, puede contrarrestarse perdonándose a sí mismo y aprendiendo de tus errores, sabiendo que todos cometemos errores. Más remedios para un estado de ánimo agitado se describirán más adelante

5. *Incertidumbre o Duda*

Este obstáculo surge cuando estás plagado de indecisión, incapaz de decidir un curso de acción y llevarlo a cabo. Se refiere a la incertidumbre sobre las enseñanzas del Buda, el maestro o tú mismo. Lo cual se compara a un sereno estanque en el bosque turbio, sin asentar y fangoso. Nuevamente, si examinaras tu reflejo facial en este charco de agua, no lo reconocerías ni lo verías con claridad. De manera similar, al morar en una mente abrumada por la incertidumbre, no logras ver la realidad tal como es y no puedes beneficiarte a ti mismo ni a los demás.

La incertidumbre sobre las enseñanzas del Buda se puede superar examinando y reflexionando sobre los beneficios de seguirlas. Al estudiarlos y practicarlos, y al buscar el aliento de amigos espirituales, puedes adquirir claridad mental y fe que se basa en la razón y la experiencia directa. Mientras tanto, la incertidumbre sobre el maestro se supera si lo examinas de manera cuidadosa antes de llegar a la conclusión de que es digno de confianza. De igual manera, las dudas sobre uno mismo pueden superarse con determinación y una guía hábil;

Sin embargo, debes estar alerta y tener en cuenta que esto a menudo coexiste con otros obstáculos, como el aburrimiento o la mala voluntad hacia uno mismo.

¿Qué pasa si, a través de la práctica, puedes superar estos obstáculos? Esto se asemeja a un sereno estanque en el bosque que no está mezclado con arcilla coloreada, no burbujea ni hierve, no está cubierto de musgo y limo, no es agitado por el viento y no está turbio y fangoso, sino más bien, es claro, sereno y quieto. Luego, si examinaras tu reflejo facial en este charco de agua, lo reconocerías claramente y lo verías tal como es. Por lo que, cuando alcanzas un estado mental que ya no esté obsesionado por el deseo sensorial, la mala voluntad, el embotamiento, la somnolencia, la inquietud y el remordimiento o la incertidumbre, verás la realidad tal como es. Logrando tu propio bien y el de los demás.

II. Las Cinco Faltas y los Ocho Antídotos

Las cinco faltas y los ocho antídotos nos brindan un marco eficaz para reconocer y superar los obstáculos que interfieren con nuestra habilidad para meditar. Describen los diferentes obstáculos para una meditación exitosa que surgen a medida que avanzas a través de los nueve estados de atención que conducen a shamatha. El conocimiento de estas faltas y sus antídotos puede ayudarte a lidiar con ellas de la manera más rápida y efectiva posible, no solo durante la meditación, sino que también en la vida diaria.

Las cinco faltas incluyen: pereza, no saber u olvidar las instrucciones, embotamiento mental y agitación, sub-aplicación y sobre aplicación. Los ocho antídotos, por su parte, son: aspiración, fe, diligencia, flexibilidad mental, conciencia, atención plena, aplicación de remedios y ecuanimidad.

Las cinco faltas y sus antídotos correspondientes, se describen a continuación:

1. *Pereza (antídoto: aspiración, fe, diligencia y flexibilidad mental)*

La pereza es un obstáculo importante para la práctica de la meditación y también para lograr otros objetivos.

La pereza no solo se refiere a hacer nada. Existiendo tres tipos de pereza:

1.1 Complacencia

Esto se manifiesta como el no querer meditar o no estar dispuesto a practicar, en específico, tener falta de deseo o desinterés por meditar.

1.2 Falta de autoconfianza

Esto se refiere a la falta de confianza en uno mismo, concerniente a la habilidad para meditar y lograr shamatha o cualquier otro logro.

1.3 Estar habitualmente ocupado

Esto significa ocuparse de muchas tareas innecesarias, también conocidas como pereza activa.

Es vital ser consciente de estas tendencias. La pereza se puede superar desarrollando la fe en las excelentes cualidades de la concentración meditativa y la aspiración de alcanzar estas cualidades. Solo entonces valoraremos la práctica de la meditación lo suficiente como para convertirla en una prioridad en nuestra vida. Esta fe y esta aspiración nos inspiran a desarrollar la diligencia y el esfuerzo gozoso, lo que eventualmente traerá a la mente una flexibilidad dichosa y un estado de alerta a la mente. A través del poder de la familiaridad, lograrás la flexibilidad mental y física, una flexibilidad única de cuerpo y mente. Si te desanimas porque no sientes que estás progresando, puede ser útil reconocer el increíble esfuerzo que ponemos en otras áreas de nuestra vida, como la crianza de los hijos o el aprendizaje de un oficio, que a menudo, lleva muchos años dominarlo. Si realmente consideramos los beneficios de la meditación, podemos llegar a la conclusión de que vale la pena dedicar una cantidad de esfuerzo similar a la tarea de desarrollar nuestra propia mente.

2. *No saber u olvidar las instrucciones (antídoto: atención plena)*

Esto significa que tu objeto de meditación u otras instrucciones no se han aprendido o se han olvidado, por lo que la mente divaga en otros objetos con frecuencia. Cambiar el objeto de meditación con demasiada frecuencia, especialmente dentro de una sola sesión, también es un obstáculo para lograr la concentración en un solo punto. El remedio para esto, es la atención plena, que te permite retener el objeto de meditación evitando que olvides las instrucciones. La atención plena se refiere tanto a recordar las instrucciones de meditación como comprometer a la mente para que se 'llene' del objeto.

Al mismo tiempo que estás siendo consciente, también puedes comenzar a desarrollar la vigilancia. Esto significa observar la propia mente meditando y detectar cuándo la mente se ha desviado del objeto, incluso de una manera sutil, con el fin de que puedas aplicar el remedio apropiado. Es como un comentarista, no participante, que solo informa sobre lo que está sucediendo, pero que en realidad no se une.

3. Embotamiento Mental y Agitación (antídoto: vigilancia)

3.1 Agitación Burda:

Durante las primeras etapas de la meditación, la mente está agitada, y divaga frecuentemente hacia los objetos externos. Esta agitación ocurre cuando tu concentración se mantiene demasiado apretada o hay mucha tensión en tu cuerpo, que no está lo suficientemente relajado. A medida que la mente distraída se desvía de su objeto de enfoque por completo, esto suele ser bastante fácil de detectar. Sin embargo, al principio, la mente no entrenada puede tardar unos minutos en darse cuenta de que el objeto de meditación se ha perdido. La agitación burda se compara con el movimiento de una nube, que es fácil de reconocer cuando ocurre. Aplicar el remedio, generalmente, no es demasiado difícil en esta etapa.

Remedio.

Hay varios remedios que se adaptan a diferentes personas. Puedes bajar el objeto imaginando que es más pesado; colocar, gentilmente, tu lengua contra tus dientes inferiores; cerrar los ojos un rato o concentrarte en las sensaciones corporales y hacer que todo el cuerpo se relaje. Si la mente está demasiado estimulada y necesita asentarse y someterse, también puede ser útil meditar sobre un tema aleccionador como la naturaleza del sufrimiento de la existencia cíclica o la inminencia de la muerte. Otra técnica para dominar la mente es visualizar un punto negro junto a tu asiento. Si estás muy inquieto, el ejercicio físico te cansará y hará que la mente divague menos, al igual que una dieta pesada y grasosa. Al principio, los pensamientos errantes son muy difíciles de detectar, pero con el tiempo y la práctica, tal conciencia se vuelve natural.

3.2 Monotonía Burda

Esto surge cuando la mente está nublada o somnolienta y no hay claridad, debido a que la mente se retrae excesivamente en el interior al borde de quedarse dormida. En este punto, la claridad se refiere a un estado mental claro, fresco y brillante y no al objeto de meditación.

Remedio

Puedes iluminar o elevar el objeto de meditación levantando ligeramente los ojos o prestando más atención a sus detalles, como si te cayeras del borde de un acantilado si pierdes el objeto. También puedes elevar la mente recordando algo sano o inspirador, como las cualidades de las Tres Joyas, o yendo a un lugar elevado con una vista amplia. Otra técnica para iluminar la mente, es imaginar una luz blanca en tu frente entre tus ojos. Permanecer en un lugar fresco y con brisa también animará la mente, al igual que salpicarse la cara con agua, hacer ejercicio al aire libre y seguir una dieta ligera.

Sin embargo, debes tener mucho cuidado para distinguir el cansancio debido a la pereza o el sueño excesivo por cansancio ya que realmente necesitas descansar. También vale la pena ser consciente de que la mala voluntad a veces se manifiesta como cansancio. Si genuinamente necesitas descansar, seguirás sintiéndote fatigado a pesar de aplicar los remedios anteriores. En este caso, es importante descansar, ya que presionar demasiado puede ser contraproducente.

3.3 Agitación sutil

Esto es más difícil de reconocer y ocurre cuando una parte de la mente descansa cómodamente sobre el objeto de meditación mientras que otra parte se ha desviado hacia otro objeto sin que lo notes. Esto se compara con un mono que se mueve rápidamente, circunstancia que es mucho más difícil de detectar.

Remedio

Para remediar la agitación sutil, debes desarrollar una vigilancia particularmente fuerte y poderosa. Esto no se puede obtener por medios intelectuales; sólo a través de tu propia experiencia y práctica. A través del impulso ganado con la práctica repetida, tu mente eventualmente podrá identificar la agitación sutil tan pronto como surja, regresando rápidamente al objeto.

3.4 Monotonía Sutil (hundimiento)

La falla de un sutil embotamiento o hundimiento no suele ser un problema para los principiantes, ya que usualmente están demasiado agitados para reconocerla. Debido a que solo se reconoce cuando un meditador es más avanzado y tiene la capacidad de enfocarse en el objeto con cierto grado de estabilidad, generalmente, esto sucede durante el quinto estado de atención. El embotamiento sutil ocurre cuando hay fijación y algo de claridad, pero no intensidad, lo que significa que existe poca vitalidad o fuerza con la que se sostiene el objeto. Esto es mucho más difícil de detectar y eliminar. De hecho, muchos meditadores se quedan atrapados en esta situación, sintiendo que su meditación va muy bien. Ésta es una trampa común.

Remedio

El remedio para el hundimiento sutil es desarrollar una intensidad particularmente fuerte, poderosa y viva, que sólo puede desarrollarse con una disciplina increíble. Esto no es algo que pueda describirse intelectualmente, sino que solo lo experimentan los practicantes calificados.

También puede ayudar a refrescar la mente al reflexionar sobre un tema que te inspira, como la gratitud hacia tu maestro de Dharma, los beneficios de un precioso renacimiento humano o la aspiración de alcanzar la iluminación. Estos pensamientos exaltan y elevan la mente.

4. *Sub-Aplicación (antídoto: aplicación de remedios)*

La sub-aplicación significa el no tomar suficientes medidas para corregir el embotamiento, la agitación o la pereza cuando surgen. No aplicas el remedio, a menudo porque estás demasiado aletargado o complaciente. Ante ello, el remedio es tomar medidas y aplicar el antídoto adecuado. A veces puede ayudar, interrumpir la meditación caminando un rato, estirando el cuerpo, salpicando la cara con agua fría o tomando un poco de aire fresco. Al regresar a tu asiento, puede que te resulte más fácil reanudar tu meditación. También puede ser de ayuda, recordar los muchos beneficios de la práctica de la meditación.

5. *Aplicación excesiva (antídoto: ecuanimidad)*

En este punto nos referimos al error de aplicar remedios cuando no son necesarios o de aplicarlos en exceso. Un ejemplo podría ser cuando el hundimiento y la agitación han sido reconocidos y corregidos, no obstante, continúas aplicando más acciones correctivas. El antídoto para este problema es aplicar la 'ecuanimidad'. En otras palabras, solo déjalo ir.

Si memorizas estas cinco faltas y sus ocho antídotos, tu meditación ya no será un asunto de 'acertar y fallar', sino más bien, un proceso dinámico que seguramente te beneficiará. Para aprender a reconocer estas faltas y aplicar los antídotos, al principio puede ser útil alternar, deliberadamente, entre relajar y agudizar la mente. Por ejemplo, puedes tomar varias respiraciones profundas, diciendo 'relájate', al exhalar aflojas la postura, colocando la lengua debajo de los dientes inferiores o visualizando un punto negro en tu perineo, seguido de varias respiraciones diciendo 'alerta' y al exhalar tensas tu postura, colocando la lengua detrás de los dientes superiores o visualizar un punto blanco en la frente. De esta manera, a medida que avanzas, tus ajustes se volverán menos frecuentes y cada vez más sutiles, en la medida que aprendas a reconocer rápidamente el embotamiento y la agitación y a desarrollar gradualmente las habilidades de atención plena y vigilancia.

III. Cinco formas de eliminar los pensamientos que distraen a la mente

La tradición Theravada describe cinco formas de eliminar los pensamientos que distraen a la mente, son remedios adicionales para los obstáculos a las prácticas de meditación. Estas son instrucciones muy prácticas que pueden ayudarte a superar los pensamientos que distraen, y asentar la mente. Siendo relevantes no solo para tu práctica de meditación sino también para la vida diaria. Los últimos remedios son generalmente efectivos si los anteriormente descritos han fallado. Curiosamente, estas técnicas también abarcan muchas de las técnicas que se utilizan en la psicología moderna.

Estas cinco instrucciones son:

1. *Prestar atención a estados mentales saludables*

Si surgen pensamientos negativos relacionados con el deseo, el odio y la ilusión, en oposición, presta atención a otros pensamientos que son positivos, entonces los pensamientos

71

negativos desaparecen y finalmente se abandonan. De esta manera, la mente se estabiliza, se unifica y se concentra. Esto es comparable a un carpintero experto que golpea y extrae una clavija gruesa con una fina.

Dos procesos mentales opuestos no pueden tener lugar simultáneamente. En consecuencia, el fuego y el agua no pueden existir al mismo tiempo, de igual manera, no puedes sentir amor y odio al mismo tiempo. De este modo, si te enfocas en la bondad amorosa te ayudará a superar el odio.

2. *Reflexionando sobre los peligros de pensamientos que distraen a la mente*

Si aún surgen pensamientos negativos, debes examinar los peligros o desventajas de tales pensamientos, reflexionando: 'Son negativos, en consecuencia, represibles y solo resultan en sufrimiento para mí y para los demás'. Al hacerlo, cualquier pensamiento negativo desaparece y finalmente se abandona. Esto se compara con una mujer aficionada a los adornos que se siente disgustada, sorprendida y humillada si ve el cadáver de una serpiente o un perro colgando del cuello de alguien.

Buda usó muchos ejemplos para señalar los peligros de aferrarse a pensamientos y sentimientos. Una vez los comparó con la hierba o los juncos al lado de un río: aun cuando puedes pensar que puedes agarrarte a ellos y subir a la orilla, se desprenden y te llevan más abajo del río. En Occidente, la tradición de la *terapia cognitiva* nos desafía a reflexionar sobre los peligros de pensar de una manera particular y analizar cómo podríamos ver las cosas de manera más realista.

3. *No prestar atención a los pensamientos que distraen a la mente*

Si aún surgen pensamientos negativos, debes tratar de olvidarlos y no prestarles atención. De este modo, desaparecen y finalmente se abandonan. Esto se compara con alguien con buenos ojos que no quiere ver formas que están dentro del alcance de la vista, por tal razón, cierra los ojos o mira hacia otro lado.

Esto significa que podemos entrenarnos para no quedar atrapados o fusionados con pensamientos y sentimientos dolorosos. Sin embargo, no significa que los estés evitando; más bien, todavía están en la periferia de tu conciencia, pero te niegas a adquirirlos o dejar que afecten tu forma de vida. En Occidente, la tradición de la *Terapia de Aceptación y Compromiso* (ACT) tiene una variedad de '*técnicas de defusión*' encaminadas a minimizar el impacto de los pensamientos que distraen a la mente.

4. *Calmando las formaciones mentales*

Si aún surgen pensamientos negativos, debes prestar atención a calmar la formación de esos pensamientos. Al hacerlo, cualquier pensamiento negativo desaparece y finalmente son abandonados. Esto se compara con un hombre que camina rápido y se cuestiona: ¿Por qué estoy caminando rápido? ¿Qué pasa si camino despacio?' Y decide caminar despacio. Entonces, él podría considerar: '¿Por qué estoy caminando despacio? ¿Y si me detengo?' Y él se detendría. Entonces podría reflexionar: '¿Por qué estoy de pie? ¿Y si me siento?' Y él se sentaría. Finalmente, podría considerar: '¿Por qué estoy sentado? ¿Y si me acuesto?' Y él se acostaría. Al hacerlo, abandonaría las posturas más burdas y preferiría las posturas más sutiles. Del mismo modo, al prestar atención a aquietar las formaciones de pensamiento, los pensamientos negativos disminuyen y finalmente se abandonan.

En Occidente existen muchas técnicas basadas en la atención plena y la conciencia relajada, que ayudan a las personas a tener una mente más tranquila que se ve menos afectada por los pensamientos que distraen a la mente.

5. *Aplastando la mente con la mente*

Si aún surgen pensamientos y emociones negativos, entonces el paso final es golpear y 'aplastar' la mente con la mente, con los dientes apretados y la lengua presionada contra el paladar. Esto se compara con un hombre fuerte que agarra a un hombre más débil por la cabeza y los hombros, golpeándolo, lo constriñe y aplasta. De esta manera, los pensamientos negativos desaparecen y finalmente se abandonan.

Esta técnica es una reminiscencia del enfoque tántrico de trabajar con emociones fuertes. Así como un médico experto es capaz de transformar el veneno en medicina, también podemos aprender a reconocer simplemente la energía cruda de las emociones sin adjuntarles una historia, sin reprimirlas o seguirlas impulsivamente. Por ejemplo, en lugar de dejar que la ira te lleve hacia la vergüenza o a la acción violenta, puedes reconocer la intensa claridad y el profundo cariño que se halla en su esencia. Puedes quedarte con este sentimiento hasta que se disuelva, como un surfista montando una ola. En Occidente existen técnicas similares para aceptar o 'liberar' emociones fuertes, en lugar de evitarlas o quedarte con ellas.

Estos cinco métodos para eliminar los pensamientos que distraen a la mente ofrecen una nueva perspectiva sobre cómo superar los obstáculos en la práctica de la meditación, y también el cómo superar los estados de conflicto emocional en la vida diaria. Familiarizarse con estas técnicas puede ayudar sustancialmente a tu práctica de meditación, especialmente cuando surgen emociones fuertes.

CAPÍTULO 4
Meditación Analítica

I. ¿Qué es la Meditación Analítica?

Mientras la práctica de shamatha enfatiza la calma, unificación y concentración de la mente, el propósito de la meditación analítica, o vipasyana, es despertar la mente examinando la naturaleza de nuestra experiencia. Cuando se construye sobre la base de una mente tranquila, este proceso te permite reunir los muchos conceptos diferentes de la filosofía Budista en una sola comprensión unificada. De esta manera, al investigar a fondo y obtener *una comprensión conceptual* de estos temas crea una base para lograr una *comprensión directa* o *no conceptual*. Entonces, puedes ver directamente las Cuatro Nobles Verdades y los Cuatro Sellos. La transitoriedad, el sufrimiento y la insustancialidad de un yo están entonces dentro de ti, formando parte de tu experiencia.

Hay muchos niveles diferentes de conocimiento y cada nivel puede ser beneficioso para ayudar a lograr una visión más realista y compasiva. Sin embargo, solo el nivel más alto conducirá a la erradicación completa de nuestras emociones aflictivas y estados mentales. Para lograr esto, debes haber alcanzado un nivel de concentración extremadamente refinado, como shamatha. Aunque la concentración momentánea puede darte breves destellos o 'experiencias relámpago' de conocimiento directo, especialmente si estás siguiendo un camino devocional, lo cual no será suficiente para superar las aflicciones a menos que esté acompañado por una mente fuerte y estable.

Esta afirmación es apoyada por el gran maestro de la tradición Mahayana, Shantideva:

Alguien que ha comprendido vipasyana se da cuenta
de que a través de shamatha erradica las aflicciones mentales,
pero antes de ello, primero se debe lograr shamatha.

De manera similar, Asanga afirma que tan pronto como se haya logrado shamatha, uno debe enfocar la mente en un solo punto. La tradición Theravada está de acuerdo en que el requisito mínimo para la verdadera visión (también conocida como entrada a la corriente) es la mente de shamatha, ya que esta mente se encuentra temporalmente libre de obstáculos. Sin embargo, una mayor penetración se puede lograr con los estados de concentración aún más refinados de los *jhanas*.

Sin embargo, esto no significa que debas 'posponer' la meditación analítica hasta después de haber alcanzado shamatha. Primero, es crucial desarrollar una buena comprensión conceptual de los fundamentos centrales Budistas (la 'visión correcta') como las Cuatro Nobles Verdades: dos verdades y fundamento, camino y resultado antes de emprender el sendero. Esto te brinda un mapa claro de cómo puedes llegar a tu destino. En segundo lugar, es útil reflexionar continuamente y fortalecer tu motivación para practicar el camino (la 'intención correcta'), contemplando temas como la transitoriedad y la bondad amorosa. Siendo ésta última lo que determina el resultado de tu práctica. En tercer lugar, una comprensión básica de la sabiduría Budista puede ser de gran beneficio práctico en tu vida diaria, ya que puede ayudarte a ser menos reactivo, más sabio y cercano a los demás.

El proceso de la meditación analítica, sea cual sea el nivel en el que te involucres, implica lo que se conoce como las *tres herramientas de sabiduría,* a saber: primero escuchas o lees una enseñanza en particular, luego la estudias y lo contemplas y, en tercer lugar, descansas con convicción en su significado en un estado de concentración unipuntual, haciéndolo 'parte de ti mismo'. Este último paso es lo que realmente queremos decir con meditación: primero lo has aprendido, después contemplaste su significado, ahora como tercer paso meditas para estabilizarlo en tu mente. De este modo, estás siguiendo un proceso gradual, primero estableciendo la sabiduría a través del oído, seguida de la sabiduría a través de la contemplación, que finalmente conduce a la sabiduría a través de la meditación.

Primero, describiré un método eficaz para analizar cualquier tema de nuestra elección y luego explicaré cómo podemos usar la meditación analítica para comprender una variedad de temas presentados en este libro, que se ocupan tanto de la verdad relativa como de la realidad última o absoluta.

II. El Proceso de la Meditación Analítica

Para transformar un tema en particular en un objeto de meditación, primero debes formularlo como una pregunta. Por ejemplo, '¿Existe el yo en mi cuerpo?' Y luego dirige la mente para que investigue cómo está pregunta se aplica a ti mismo, a la luz de todas las enseñanzas que has estudiado. Debes continuar con esta práctica hasta que surja una sensación de certeza y claridad, por ejemplo, mi mente tiene el hábito de identificarse con el cuerpo en ciertas ocasiones, ¡pero no hay ningún 'yo' en ella en absoluto! Entonces puedes dejar el análisis y descansar en esta sensación de certeza mientras dure, permaneciendo en un estado mental más receptivo.

Los pensamientos discursivos inevitablemente surgirán, sin embargo, puedes usar esto como un indicio para comenzar el análisis nuevamente, ya sea sobre el mismo tema o sobre otro diferente, usando tus pensamientos de una manera controlada. Cuando una vez más experimentas una sensación de certeza y convicción, vuelves a descansar, como antes. De esta manera, puedes alternar entre análisis y meditación en reposo, profundizando y refinando, gradualmente, tu comprensión, con el objetivo de que estés preparado para experimentar la realidad no conceptual de la vacuidad.

Jamgon Kongtrul da algunas pautas útiles sobre cómo alternar entre la meditación analítica y en reposo en su libro, *El Tesoro del conocimiento:*

Si debido a un análisis intenso la habilidad
   para descansar se deteriora,
   Práctica más meditación en reposo y restablece
   la quietud.
Si debido al reposo prolongado ya no quieres analizar,
   Práctica meditación analítica para fortalecer
   la claridad de la mente.

Jamgon Kongtrul

Así, si descubres que la mente se agita al practicar la meditación analítica, debes permitir que se estabilice una vez más, relajando el cuerpo y practicando la meditación unipuntual durante un tiempo. Por otro lado, si tu meditación en reposo conduce al embotamiento, puedes aumentar tu claridad mental reanudando tu análisis. Además, cuando te acostumbras al proceso de alternancia entre análisis y reposo, eventualmente llegas a una etapa en la que no se necesita tanto análisis para dar lugar a la certeza. En consecuencia, es importante que enfatices el análisis cuando comiences con la práctica, y luego saltes rápidamente a la meditación en reposo, una vez que estés más realizado.

III. MEDITACIÓN ANALÍTICA Y LAS DOS VERDADES

Usando la herramienta de la meditación analítica, puedes contemplar cualquier tema que elijas para dirigir tu mente. El camino Budista está estructurado de tal manera que nos anima a mirar con la misma importancia tanto a la verdad relativa como a la verdad última y, por consiguiente, debes contemplar ambas, sin descuidar una a expensas de la otra. La 'verdad relativa' tiene que ver con la forma en que vemos la realidad cotidiana, mientras que la 'verdad última' es la verdadera naturaleza de esta experiencia. Son como dos alas de un pájaro, una de ellas no puede desarrollarse completamente sin la otra. Al principio, debes enfatizar la contemplación en el nivel de la verdad relativa, ya que esto es más relevante para tu experiencia, mientras que más adelante puedes enfatizar más la verdad última. La iluminación, entonces, es cuando descubres que en realidad no hay separación entre la verdad relativa y última.

1. La Verdad Relativa

Obtener comprensión al nivel de la verdad relativa es crucial si deseas alcanzar la iluminación, ya que esto es lo que determina tu fuerza de motivación, así como tú forma de actuar en el mundo. En particular, no es posible lograr la renuncia sin contemplar profundamente temas como la transitoriedad, el sufrimiento, el karma, la preciosidad de la vida humana, los beneficios de la liberación y el tomar refugio. Si tu objetivo es la iluminación, es esencial contemplar y desarrollar la bodichita, el deseo compasivo de llevar a todos los seres a la liberación, sabiendo que solo se puede cumplir este deseo develando tu propia naturaleza Búdica. Además, si estás siguiendo un camino tántrico, entonces es crucial comprender la importancia suprema del maestro de Dharma contemplando el significado de la devoción y la percepción pura, el cual es un preliminar esencial para toda práctica tántrica.

Una contemplación muy útil para todos, es sobre el tema de la bondad amorosa o *metta*. Con esta contemplación puedes obtener la convicción de que todos los seres son igualmente valiosos, dignos de amor y compasión, al igual que tú. Un ejemplo de tal contemplación aparece en el *Metta Sutta*:

> *Que todos los seres sean felices y libres de todo daño; que sus mentes estén contentas. Cualesquiera que sean los seres vivos, tanto si son débiles o fuertes, largos (o altos), robustos o medianos, bajos, pequeños o grandes, visibles y no visibles, los que habitan lejos o cerca, los que nacen y los que aún están por nacer. ¡Que todos los seres, sin excepción, sean felices y libres de todo daño!*
>
> *Que nadie engañe a otro ni desprecie a nadie de ningún modo ni en ningún lugar. Con ira o con mala voluntad,*

que nadie desee hacer daño a otro. Así como una madre protegería a su único hijo incluso a riesgo de su propia vida, así se debes cultivar un corazón ilimitado hacia todos los seres. Dejemos que los pensamientos de amor sin límites impregnen el mundo entero, arriba, abajo y al otro lado, sin ninguna obstrucción, sin ningún odio, sin ninguna enemistad.

Una contemplación similar basada en la tradición Tibetana es la siguiente:

Empieza por reconocer que todos los seres, como tú, buscan la felicidad y sus causas. Recuerda a alguien cercano a ti, una persona neutral y alguien a quien puedas considerar un enemigo, pensando en cómo todos por igual buscan la felicidad y quieren evitar el sufrimiento. Luego, concéntrate en la persona cercana a ti, recordando la bondad que te ha mostrado, y pensando: Ojalá pudieran ser felices ... ¡Si tan solo pudieran ser felices! Luego piensa en la persona neutral: desearía que pudieran ser felices ... ¡Si tan solo pudieran ser felices! Entonces, recuerda a tu enemigo o alguien contra quien puedas tener resentimiento: ¡Ojalá pudieran ser felices ... si tan solo pudieran ser felices! También es posible que desees recordar a un niño pequeño que te representa a ti mismo: inocente, puro y digno de todo el amor compasivo del mundo: desearía que pudieran ser felices ... ¡Si tan solo pudieran ser felices!

Luego, puedes incluir a otros en tu contemplación de la misma manera que puedes agregar entradas a una hoja de cálculo en tu computadora, extendiendo tu bondad amorosa a tu familia, tus vecinos, tu entorno inmediato,

*tu país y finalmente al mundo entero, abrazando a todos
los seres vivos sin excepción. También puedes combinar
esto con una visualización de luz roja o rosada emergiendo
de una rosa en el centro de tu corazón, llenando todo tu
cuerpo. En seguida puedes extender esta luz hacia afuera
para abrazar tu entorno, tocando a todos los seres vivos con
la luz y el calor de la bondad amorosa.*

2. La Verdad Última

El análisis profundo de la verdad última es el segundo aspecto
vital del camino Budista, tomando en cuenta que una comprensión conceptual correcta de la vacuidad o la insustancialidad garantizará que nunca te desvíes del sendero correcto. A medida que
progresas en el camino, tu experiencia comienza a coincidir con
esta percepción y, eventualmente, puedes descartar tú 'comprensión conceptual' de la misma manera que dejamos una balsa junto
a la orilla del río una vez que llegamos al otro lado de un río.

Desde el punto de vista Theravada, hay una variedad de enfoques o 'puertas' para comprender la verdad última ('la visión correcta'), pero la esencia de todos los enfoques son las *Tres Marcas
de la Existencia*: transitoriedad (*anicca*), sufrimiento (*dukkha*) y
la insustancialidad de un yo (*anatman*). Por ejemplo, se observa
que los cinco agregados que componen nuestro cuerpo y mente:
forma, sentimiento, percepción y memoria, formación del pensamiento y conciencia, son transitorios, incontrolables e insustanciales. Los objetos de los sentidos, los órganos de los sentidos,
las conciencias de los sentidos y cada experiencia que encontramos también se observa que poseen estas tres características. La
contemplación de los cuatro fundamentos de la atención plena
conduce naturalmente a la realización de la transitoriedad, el

sufrimiento y la insustancialidad de un yo, al igual que las últimas cuatro instrucciones de la enseñanza de Buda sobre *Anapanasati:*

Inhalando, consciente de la transitoriedad,

exhalando, consciente de la transitoriedad

Inhalando, consciente de desvanecerse,

exhalando consciente de desvanecerse

Inhalando, consciente de la liberación,

exhalando, consciente de la liberación

Inhalando, deja ir,

exhalando, deja ir

En la tradición Tibetana también hay una variedad de enfoques para comprender la vacuidad, pero todos siguen la filosofía Madhyamika o Camino Medio. Estas contemplaciones llevan a uno a comprender no sólo la inexistencia de un yo, sino también la insustancialidad y la interdependencia de todos los fenómenos. En la tradición Gelug se enfatiza la *inseparabilidad de la vacuidad y el surgimiento dependiente.* Puntualizando su importancia, ya que los fenómenos carecen de existencia verdadera, aparecen en un proceso de surgimiento dependiente, y debido a que son surgimientos dependientes, carecen de existencia verdadera o sustancial. En contraste, la tradición Jonang llega al mismo entendimiento al analizar las *tres naturalezas.* La base de la vacuidad de la *naturaleza imputada* es la *naturaleza dependiente,* y la base de la vacuidad de la naturaleza dependiente es la *naturaleza primordial o última.*

Las tradiciones Kagyu y Nyingma, mientras tanto, enfatizan un enfoque más directo por medio de preguntas en la meditación para penetrar en la verdadera naturaleza de la mente. Un ejemplo abreviado de tal contemplación, basado en las enseñanzas del *Mahamudra* del noveno Karmapa, a saber:

Observa la naturaleza de la mente cuando está quieta o asentada y pregunta: ¿Tiene color, forma o figura? ¿Tiene un surgir, un cesar, un perdurar o no? ¿Es su naturaleza un estado de vacío total o es un brillo claro y vívido? ...

De manera similar, deja que un pensamiento o sentimiento surja y examina su naturaleza: ¿De dónde surgió, en qué lugar permaneció, y en qué lugar cesó? ¿Está localizado fuera o dentro del cuerpo? ¿Es la naturaleza del pensamiento o sentimiento una conciencia clara y brillante, y hay alguna diferencia entre esto y la conciencia clara y brillante que miraste en la mente estable? ...

Entonces deberías examinar la mente reflejando apariencias y en relación con el cuerpo: cuando refleja una apariencia (forma, sonido, gusto, etc.), ¿son la mente y la apariencia dos cosas separadas? Si ello no es así, ¿cómo se relacionan? ¿El cuerpo y la mente son iguales o diferentes? ...

Finalmente, debes examinar la naturaleza de la mente quieta y la mente en movimiento juntas: ¿La mente quieta y la mente en movimiento aparecen alternativamente? ¿Es la mente quieta como un campo y la mente en movimiento que surge como una cosecha que crece en él? ¿O son estos dos iguales como una cuerda y sus bobinas (en el sentido de que no se puede tener una bobina separada de la cuerda)?

De esta manera se llega a comprender la naturaleza de la mente, o la vacuidad, a través de *cuatro conocimientos*: la naturaleza de la mente cuando está quieta (eliminando el sujeto), la naturaleza de la mente cuando se está moviendo (eliminando el objeto), la naturaleza de la mente en relación con las apariencias y el cuerpo (eliminando tanto al sujeto como al objeto) y la naturaleza de las mentes quietas y juntas en movimiento (sin eliminar ni el sujeto ni el objeto).

Un enfoque similar que involucra conocimientos progresivos es usado en la tradición ZEN (o Chan). Esto se logra mediante el uso de *koans* para perforar la mente conceptual, como *¿cuál era mi rostro original antes de que yo naciera* ?, o *mu* (que literalmente significa 'no', respuesta dada por un gran maestro Zen a la pregunta: ¿un perro tiene naturaleza Búdica?). Estas contemplaciones no pueden resolverse mediante el razonamiento lógico, sino sólo mediante un conocimiento no conceptual más profundo, y las percepciones de un estudiante son repetidamente verificadas por un maestro.

En esencia, la herramienta de la meditación analítica te permite profundizar la comprensión de la verdad relativa y última, y ver cómo esto se relaciona con tu propia experiencia. Puedes ver gradualmente cómo la percepción de la verdad relativa conduce a un conocimiento más profundo de la verdad última, ya que cuanto mayor sea la renuncia y la compasión que desarrolles, más podrás apreciar la naturaleza interdependiente de la realidad y más 'altruista' te volverás. Por el contrario, cuando aprecias que nada existe de manera sustancial e independiente, obtienes un profundo respeto, amor y compasión por los demás.

CAPÍTULO 5
Objetos Avanzados De Meditación

I. La Conciencia Abierta como Objeto de Meditación

El verdadero conocimiento se puede obtener a través de la meditación analítica, sin embargo, otro enfoque que algunas personas podrían preferir, es la meditación basada en la *conciencia abierta* o en el *establecimiento de la mente en su estado natural*. Al igual que la conciencia de la respiración, este método es adecuado para aquellos cuyas mentes son propensas a la agitación o al pensamiento compulsivo. No obstante, para participar adecuadamente en estas prácticas, a menudo es necesario haber completado ciertas prácticas preliminares.

Una vez que hayas logrado cierto grado de concentración, podrás enfocarte y ser consciente de la naturaleza de tu propia experiencia sin la necesidad de ningún objeto de meditación específico. De esta manera, puedes dejar que la mente se libere de todos sus patrones habituales y gradualmente, se establezca en su estado fundamental. Este proceso se puede mejorar abriendo los ojos y enfocándose en el espacio vacío frente a ti, simplemente observando y siguiendo los pensamientos, sentimientos, percepciones, memorias y sensaciones a medida que surgen y se disuelven en este espacio vacío, pero sin quedar atrapados en ellos.

En la tradición Theravada, el *Satipathana Sutta* habla de la atención plena de los fenómenos, incluidos los cinco agregados, los objetos de los sentidos y otros objetos de la conciencia. Una interpretación de esto es dejar que la mente se relaje en un estado de 'atención plena ilimitada', simplemente observando la mente mientras los objetos surgen y se disuelven nuevamente en el estado de conciencia abierta. En la tradición Zen existe una práctica similar conocida como *shikan-taza*, que a menudo complementa el uso de *koans* como objeto de meditación.

En la tradición Tibetana hay una variedad de técnicas de meditación que utilizan la conciencia abierta como objeto. Un texto de la tradición Kagyu ofrece las siguientes instrucciones para lidiar con los pensamientos que surgen:

> *No importa qué pensamientos surjan, simplemente reconócelos por lo que son, colocando tu atención en ellos sin pensar 'debo bloquearlos', o sentirse feliz o infeliz. Míralos con el ojo de la conciencia discriminativa, reconociendo que son meramente el juego de la mente y dejándolos pasar sin aferrarse, como un desfile de personajes que marchan por un escenario.*

En la tradición Nyingma, esto a veces se conoce como *quietud, movimiento* y *conciencia*, De este modo, la instrucción es la siguiente:

> *Reconocer el movimiento mientras permaneces en silencio,*
> *Cuando se produce un movimiento, mantén la base de la quietud,*
> *Cuando ya no existe distinción entre quietud y movimiento,*
> *Esa es la introducción a la concentración unipuntual.*

En este contexto, siempre que surja un movimiento, no debes congelar la quietud ni obstruir el movimiento; en su lugar, cuando el movimiento surja solo lo observas. Luego, simplemente reconoces el movimiento mientras se mantiene la base de la quietud. Así, el movimiento se disolverá nuevamente en la quietud. Eventualmente puedes llegar a una etapa vibrante en la que el movimiento puede ocurrir dentro de la quietud y la quietud puede ocurrir durante el movimiento, ya que el movimiento no produce ninguna distracción.

El estado de ánimo logrado con esta práctica se caracteriza por tres cualidades: gozo, luminosidad y no conceptualidad. Esta mente es como el cielo, vasta y espaciosa. Cualquier cosa que se mueva a través de este, si estas son nubes, arcoíris o relámpagos, el cielo no reacciona. Como el cielo, puedes entrenarte para estar atento a todo lo que surge en la mente sin aferrarte a nada. Continuar con esta práctica puede conducir a shamatha y luego a la percepción directa mientras descubres gradualmente las tres cualidades de la mente iluminada: su esencia vacía, la naturaleza consciente y la compasión omnipresente.

En la tradición Jonang, el estado de conciencia abierta no conceptual es el centro de la práctica de shamatha tántrica en la habitación oscura. Método tántrico muy efectivo para 'forzar' la mente a un estado no conceptual y usar esto como un objeto para la concentración en un solo punto, mediante una postura especial, con los ojos bien abiertos mirando hacia la oscuridad al nivel de la frente. De esta manera, a diferencia de los métodos de la mayoría de las otras tradiciones, no es necesario ningún proceso de 'cuestionar la naturaleza de la mente'. Siendo un método extraordinario que resalta los rasgos sutiles, profundos y únicos del camino tántrico.

Como comentario final, la práctica de la conciencia abierta (o cualquier práctica de meditación) puede mejorarse, dedicando algún tiempo después de la meditación recordando las experiencias por las que pasaste. Puedes anotar tus experiencias en un diario, discutirlas con un compañero o simplemente dedicar varios minutos evocando cómo fue tu meditación, incluidos los pensamientos, emociones, asociaciones, experiencias sensoriales, imágenes mentales y recuerdos que encontraste. Este tipo de *conciencia recolectiva* puede mejorar enormemente tu capacidad para mantener la conciencia a través de tu práctica de meditación.

II. Los Jhanas como un Objeto de Meditación

Los *jhanas* son estados mentales extremadamente refinados, dichosos y completamente absortos que puedes experimentar después de lograr shamatha. Hay ocho *jhanas* en total que se logran en secuencia, compuestos de cuatro *jhanas de forma*, donde un tipo sutil de forma está presente y cuatro *jhanas sin forma*, en el cual no hay límites para la conciencia de uno mismo y la percepción de cualquier tipo de forma se ha desvanecido. Entrar en estos estados requiere una rendición total del control, y la cantidad de tiempo que pasas en estos estados depende del 'impulso' de concentración que hayas establecido. Los *jhanas* de cuatro formas pueden llevarte a estados de concentración más profundos que shamatha y, por lo tanto, pueden ayudarte a desarrollar la percepción mientras que los cuatro *jhanas* sin forma generalmente no son tan útiles.

La entrada a los *jhanas* se describe en la duodécima etapa del sutta Anapanasati:

Inhalando, liberando la mente,
  exhalando, liberando la mente

De acuerdo con esta instrucción, entrar a un *jhana* es un proceso de liberación completa de la mente que implica hundirse o sumergirse en el objeto mental sutil que es el enfoque de tu meditación. Alternativamente, la luz brillante puede envolverte junto con una sensación de éxtasis, al entrar en un estado que es completamente dichoso, y a la vez consciente y estable. Mientras estás absorto en este estado, no tienes ningún sentido de ubicación espacial, incluyendo lo que está sucediendo con tu cuerpo, ni puedes oír, ver o decir nada.

Según el Budismo, los estados *jhana* equivalen a la experiencia de los *reinos con forma* y *sin forma*, donde se dice que los seres renacen si se familiarizan fuertemente con estas experiencias de meditación o se apegan a ellas. Sin embargo, si no estás apegado a estas experiencias y te acercas a la práctica con la visión y la intención correctas, los *jhanas* pueden ser un extraordinario objeto de meditación. En particular, la cuarta forma *jhana* puede ayudarte a adquirir una concentración excepcional en un solo punto. Luego de esta experiencia, puedes penetrar fácilmente la verdad de la transitoriedad, el sufrimiento y la insustancialidad de un yo.

La mente alcanzada a través de la práctica de shamatha es un tipo de mente del reino de la forma, descrita como un estado preliminar o de acceso a la realización del primer *jhana*. Después de que esto se haya logrado. El primer nivel de los *jhanas* se obtiene a través de siete etapas preliminares después de shamatha. Cada una de las cuatro formas *jhanas* tiene siete etapas preliminares, conocidas como las siete colocaciones de atención, y solo pueden lograrse progresando a través de estas etapas secuencialmente. Las descripciones que siguen son sólo explicaciones aproximadas, ya que detallan estados o cualidades mentales muy sutiles que se pueden lograr una vez que se experimenta shamatha; Hay descripciones más detalladas disponibles, pero están más allá del alcance de este libro (de hecho, los monjes Tibetanos tradicionalmente pasan muchos años estudiando este tema).

Estas siete colocaciones de atención son:

1. *La Atención Inicial*

   En esta etapa tienes la atención específica para iniciar la conexión con el estado *jhana*.

2. *Discerniendo la Atención*

   Esta etapa tienes un fuerte poder de discriminación, basado en la integración del estudio y la reflexión.

3. *La atención surgida de las Creencias*

   La mente, ahora, adquiere ahora una cualidad especial de convicción.

4. *La Atención Aislada*

   En esta etapa, la mente tiene una atención que está totalmente libre de distracciones sutiles.

5. *La atención de Alegría o Abstinencia*

   La cualidad de esta mente es invitar a la dicha dentro de uno mismo y experimentar un gozo abrumador.

6. *La Atención Analítica*

   La cualidad de la mente en esta etapa es tener una sutil investigación y comprensión.

7. *La Atención Final Integradora*

   Esta etapa representa la finalización de las cualidades que alcanzan el estado mental actual de *jhana*.

Después de emerger de la meditación en uno de los estados de *jhana*, puedes reconocer el *jhana* particular identificando un conjunto específico de cualidades. Estas cualidades describen un estado mental que se vuelve progresivamente más sutil y actúan como antídotos para los cinco obstáculos: letargo, incertidumbre, mala voluntad, inquietud, remordimiento y deseo sensorial. Aunque estoy describiendo estas cualidades con ciertas palabras, son mucho más sutiles y supremas de lo que estas palabras normalmente indicarían. El primer *jhana* tiene cuatro cualidades: investigación y análisis, alegría, dicha y concentración unipuntual. Al alcanzar el segundo *jhana*, la primera cualidad cesa, por lo que uno se queda con la mente descansando en un estado de alegría, dicha y concentración unipuntual. El tercer *jhana* se caracteriza por un estado de dicha y concentración unipuntual, mientras que en el cuarto *jhana* solo permanece la concentración unipuntual o ecuanimidad. La concentración de uno es más refinada en el cuarto *jhana* y, por lo tanto, es increíblemente poderosa.

Más allá del cuarto nivel de *jhanas*, un meditador puede experimentar los cuatro estados de *jhana* sin forma: espacio ilimitado, conciencia ilimitada, la nada y más allá de la percepción. Sin embargo, estos estados generalmente no son tan beneficiosos, ya que el estado mental de uno es extremadamente sutil y carece de la concentración desarrollada en los *jhanas* precedentes. El segundo de estos estados, la conciencia infinita, puede en algunos casos actuar como un trampolín para la realización de la vacuidad, aunque los otros estados son generalmente un obstáculo para desarrollar la verdadera sabiduría. Esta cualidad de la mente en los *jhanas* sin forma casi no tiene percepción, siendo solo una forma o experiencia sutil de la mente, y puede proyectar al meditador a un renacimiento en los reinos sin forma, en el cual no se experimentan formas físicas: sin sonido, sin olor, sin forma, sabor y sin sensación.

Habiendo alcanzado shamatha, tienes la habilidad de ver que el primer *jhana* es mucho más sutil que la mente shamatha misma. Al percibir la naturaleza sutil y pacífica de esta mente, sintiéndote más predispuesto a practicar con suma diligencia a fin de alcanzar los niveles más finos de los *jhanas* del reino de la forma. Una vez que la absorción se logra en el primer *jhana*, sintiéndote alentado para acceder y absorberte en los *jhanas* segundo, tercero y cuarto. Después, al emerger de estos estados, cuando tu mente vuelve al reino del deseo, un alto grado de estabilidad y viveza se transfiere a medida que te dedicas a tus actividades diarias. Mientras meditas, abandonas temporalmente los pensamientos y las emociones aflictivas que caracterizan el reino del deseo; entre sesiones todavía ocurren, pero con menos frecuencia, intensidad y duración.

La poderosa concentración lograda en los *jhanas* también abre la puerta hacia el logro de la clarividencia y poderes sobrenaturales. Dirigiendo la mente al recuerdo de vidas pasadas, uno puede alcanzar la percepción directa de muchas existencias anteriores, recordando la naturaleza de la experiencia de uno en cada una de ellas. También se puede desarrollar el 'ojo divino', que ve directamente la muerte y el renacimiento de los seres y el cómo se mueven a través de varios reinos de existencia en función de sus acciones. Además, uno puede desarrollar la audición divina, el conocimiento de la mente de los demás y habilidades sobrenaturales que le permiten controlar los cuatro elementos, como moverse a través de objetos sólidos, caminar sobre el agua o volar por el espacio. Sin embargo, desarrollar estos cinco tipos de habilidades extrasensoriales no significa que hayas alcanzado la liberación.

El logro de los diversos *jhanas* puede conducir al renacimiento en las diversas formas y reinos sin forma. Sin embargo, los meditadores budistas generalmente no buscan el renacimiento aquí, ya que generalmente no es posible practicar el sendero del Buda. El nacimiento en estos reinos está libre de sufrimiento burdo, más como todas las cosas, este tipo de existencia debe llegar a su fin. Dado que este no es necesariamente el mejor lugar para practicar. Un nacimiento en este reino puede ser una pérdida de karma positivo. Sin embargo, hay casos excepcionales de algunos practicantes budistas que buscan renacer en estos reinos para pacificar rápida y temporalmente sus aflicciones. No obstante, la erradicación completa de sus propensiones debe ocurrir más adelante. También hay una etapa de logro en el camino Theravada conocida como el de no retorno, después de la cual uno renace espontáneamente en un reino de forma antes de alcanzar el nirvana.

Referencias

Muchas de las prácticas mencionadas en este texto se pueden leer de manera más extensa en los siguientes libros:

Bikkhu Bodhi (ed.). *En palabras del Buda: Una antología de discursos del Canon Pali* (Boston: Wisdom 2005).

John Barter. (Mindfulness) *Meditaciones de atención plena con John Barter.* Juego de 2 CD. (Sydney 2009).

Ajahn Brahm. (Mindfulness) *Atención plena, Felicidad y Más Allá: Un Manual para Meditadores* (Somerville: Wisdom 2006).

Ajahn Chah. *Un Sereno Estanque en el Bosque: La Meditación Profunda de Ajahn Chah.* Compilado por Jack Kornfield y Paul Breiter (Nueva York: Quest, 1986).

Su Santidad el Dalai Lama. *Cómo verse a sí mismo como realmente es*: *una guía práctica para el autoconocimiento* (Londres: Rider, 2006).

El noveno karmapa Wangchuk Dorje. El Mahamudra: *Eliminando la Ignorancia de la Oscuridad.* (Dharamsala: Biblioteca de Obras y Archivos Tibetanos, 2002).

Shar Khentrul Jamphel Lodro. *Develando Tu Verdad Sagrada a través del Camino de Kalachakra, Libros Uno a Tres.* (Melbourne: Instituto Tibetano Budista Rime, 2016).

B. Alan Wallace. *La Revolución de la Atención*: *Desbloqueando el Poder de una Mente Focalizada* (Boston: Wisdom 2006).

Sobre el Autor

Khentrul Rinpoché Jamphel Lodrö es el fundador y director espiritual de Dzokden. Rinpoche es autor de muchos libros, entre ellos Develando Tu Verdad Sagrada, El Gran Camino del Medio: Aclarando la Visión Jonang del Otro Vacío, Una Vida Más Feliz y El Tesoro Escondido del Camino Profundo.

Rinpoche pasó los primeros 20 años de su vida pastoreando yaks y cantando mantras en las mesetas del Tíbet. Inspirado por los bodhisattvas, dejó a su familia para estudiar en una variedad de monasterios bajo la guía de más de veinticinco maestros de las principales tradiciones Budistas Tibetanas. Debido a su enfoque no sectario, se ganó el título de Maestro Rimé (imparcial) y fue identificado como la reencarnación del famoso Maestro de Kalachakra Ngawang Chözin Gyatso. Si bien en el centro de sus enseñanzas está el reconocimiento de que existe un gran valor en la diversidad de todas las tradiciones espirituales que se encuentran en este mundo; más su principal enfoque es en la tradición Jonang-Shambhala. Las enseñanzas de Kalachakra (rueda del tiempo) transmitidas por los Reyes Kalki de Shambhala, contienen métodos profundos para armonizar nuestro entorno externo con el mundo interno del cuerpo y la mente. Este tantra está conectado directamente con el karma de nuestra tierra para crear la edad de oro de paz y armonía (Dzokden). Khentrul Rinpoche ha hecho de la misión de su vida difundir estas preciosas enseñanzas en tantos idiomas como sea posible a nivel mundial para que podamos transformar verdaderamente nuestro mundo, una persona a la vez de adentro hacia afuera.

Visión de Rinpoche

El Dzokden fue fundado con el propósito expreso de apoyar a Khentrul Rinpoche en la realización de su visión para una mayor paz y armonía en este mundo. A medida que nuestra comunidad continúa creciendo y desarrollándose, más y más personas se están involucrando con este extraordinario esfuerzo.

Para darles una idea del alcance de la visión de Rinpoche, podemos hablar de ocho objetivos que reflejan sus prioridades a corto y largo plazo:

Objetivos Inmediatos

En última instancia, la felicidad duradera y genuina sólo es posible a través de una profunda transformación personal. Ahora más que nunca, necesitamos métodos para desarrollar nuestra sabiduría y actualizar nuestro mayor potencial. Es por esta razón que Rinpoche le da tanta prioridad a la preservación del Linaje Jonang Kalachakra. Hay cuatro formas en que Rinpoche propone hacer esto:

1. **Crear oportunidades para conectarse con un linaje auténtico y completo del Kalachakra en estrecha colaboración con meditadores dedicados en el remoto Tíbet.** Nuestro objetivo es crear todos los apoyos para la práctica de Kalachakra de acuerdo con los auténticos maestros del linaje que han mantenido esta tradición durante miles de años. Hacemos esto al encargar estatuas y pinturas, escribir libros y dar enseñanzas en todo el mundo. Ponemos especial énfasis en garantizar la autenticidad de nuestros materiales, aprovechando

la experiencia profunda de meditadores altamente realizados que dedican sus vidas a estas prácticas.

2. **Establecer centros de retiro internacionales para el estudio y la práctica del Kalachakra.** Para integrar las enseñanzas en nuestras mentes, es crucial tener la oportunidad de participar en períodos de práctica intensiva. Por lo tanto, estamos trabajando para crear la infraestructura necesaria que respaldará y nutrirá a los miembros de nuestra comunidad para participar en un retiro a corto y largo plazo. Esto incluye la compra de tierras y la construcción de todo lo que se necesita para llevar a cabo retiros grupales y solitarios. Nuestro objetivo a largo plazo es desarrollar una red de dichos centros en todo el mundo, formando una comunidad global que respalde una amplia variedad de profesionales..

3. **Traducir y publicar los textos únicos y raros de los maestros del Kalachakra.** El Sistema de Kalachakra ha sido el tema de innumerables textos en el transcurso de la larga historia del Tíbet. Hasta ahora, solo una pequeña fracción de estos textos ha sido traducida y está accesible en Occidente. Si bien los textos teóricos son importantes, nuestro objetivo es centrarnos particularmente en 81 las instrucciones básicas que guiarán a los practicantes dedicados a una experiencia más profunda de estas profundas enseñanzas.

4. **Desarrollar las herramientas y programas para una experiencia de aprendizaje estructurado.** Con grupos de estudiantes distribuidos por todo el mundo, creemos que es importante aprovechar al máximo las tecnologías modernas para facilitar el proceso de aprendizaje para nuestros estudiantes. Nuestro objetivo es desarrollar una sólida plataforma educativa en línea que permita a nuestra comunidad internacional

acceder a programas de estudio de calidad que sean intuitivos, estructurados y atractivos..

Metas a Largo Plazo

Mientras trabajamos para lograr la paz y la armonía suprema en nuestras propias mentes, no debemos perder de vista el hecho de que existimos dentro del contexto de un mundo lleno de una gran diversidad de personas. Estas personas dan lugar a una amplia variedad de creencias y prácticas que a su vez dan forma a cómo nos relacionamos e interactuamos entre nosotros. En esta realidad interdependiente, es vital encontrar estrategias viables para promover una mayor tolerancia y respeto. Con este fin, Rinpoche propone cuatro áreas específicas de actividad:

1. **Promover el desarrollo de una Filosofía Rimé a través del diálogo con otras tradiciones.** Con el deseo de ser miembros constructivos de una sociedad pluralista, debemos aprender formas de reconciliar nuestras diferencias. Con este objetivo, nuestra meta es ayudar a las personas a desarrollar las cualidades positivas que promueven una actitud de respeto mutuo, apertura a nuevas ideas y un deseo inquisitivo de superar nuestra ignorancia.

2. **Desarrollar modelos de conducta altamente realizados ofreciendo apoyo financiero a profesionales dedicados.** Para asegurar la autenticidad de nuestras tradiciones espirituales, es imperativo que haya personas que realicen las realizaciones más elevadas. Por lo tanto, nuestro objetivo es crear un programa de becas financieras que facilite a los practicantes genuinos que desean dedicar sus vidas al desarrollo espiritual, independientemente de su sistema de práctica. Al ayudar a las personas a actualizar las enseñanzas, se convierten en modelos

positivos para quienes los rodean, inspirando y guiando a las generaciones venideras.

3. **Actualizar el gran potencial de las mujeres practicantes mediante el desarrollo de programas de capacitación especializados.** La cultura tibetana tiene una larga historia de cultivar maestros altamente realizados a través del entrenamiento intensivo de aquellos que son reconocidos por tener un gran potencial. Desafortunadamente, con demasiada frecuencia, la búsqueda de potencial se enfocó solo en los candidatos masculinos. Rinpoche cree que es cada vez más importante contar con modelos de roles femeninos fuertes y altamente realizados que puedan ayudar a lograr un mayor equilibrio en nuestro mundo. Por esta razón, estamos trabajando para desarrollar un programa de capacitación único para brindar a las mujeres la oportunidad de actualizar su potencial espiritual. Nuestro objetivo es diseñar un plan de estudios especializado, así como la infraestructura financiera para apoyar plenamente todos los aspectos de su educación.

4. **Promover una mayor flexibilidad mental y una comprensión más amplia de la realidad a través de programas educativos modernos.** En un mundo que evoluciona rápidamente, debemos replantearnos los tipos de habilidades que les enseñamos a nuestros hijos. Las rígidas estructuras del pasado a menudo están mal equipadas para preparar a los estudiantes para los desafíos que enfrentarán durante sus vidas. Por lo tanto, nuestro objetivo es desarrollar una variedad de programas educativos que puedan ayudar a los niños a ser más flexibles y más capaces de adaptarse a su contexto. Una parte importante de estos programas es el desarrollo de una mayor conciencia del papel que desempeña nuestra mente en nuestras experiencias cotidianas. También buscamos introducir

reformas en el sistema educativo monástico que los ayuden a ser más relevantes para este mundo moderno.

¿Cómo Puedes Ayudar?

Nada de esto será posible sin tu apoyo y participación. Esta visión requerirá una gran cantidad de mérito y generosidad de múltiples benefactores a lo largo de muchos años. Si deseas ayudar, no dudes en contactarnos.

Dzokden
3436 Divisadero
San Francisco, CA 94123
United States of America
office@dzokden.org
dzokden.org

www.ingramcontent.com/pod-product-compliance
Lightning Source LLC
Chambersburg PA
CBHW071206120626
46546CB00006B/2445